学习和培养高效能人士的习惯

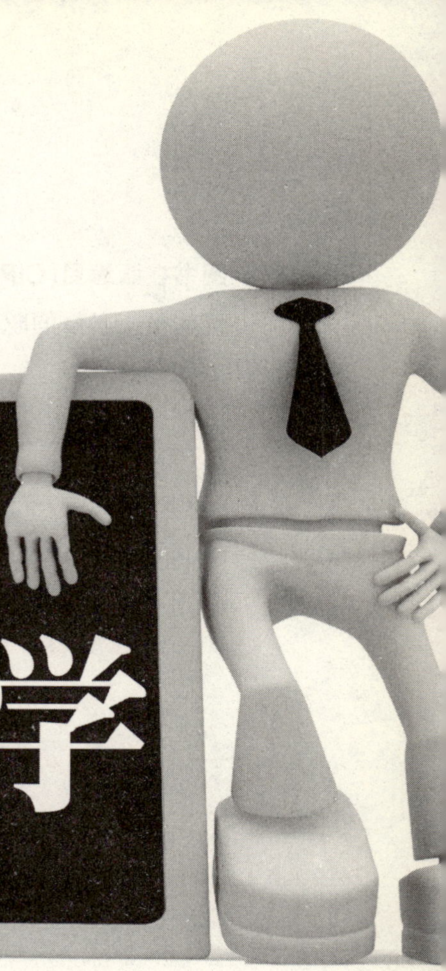

优秀员工必修的职业心理学

马春华◎编著

主宰我们做出不同决定的关键因素
就是我们是否拥有健康的职业心理！

中国商业出版社

图书在版编目(CIP)数据

优秀员工必修的职业心理学/马春华编著. —北京:中国商业出版社,2011.10

ISBN 978-7-5044-7420-9

Ⅰ.①优… Ⅱ.①马… Ⅲ.①职业—应用心理学 Ⅳ.①C913.2

中国版本图书馆CIP数据核字(2011)第190409号

责任编辑:陈鹰翔

中国商业出版社出版发行
010-63180647 www.c¯cbook.com
(100053 北京广安门内报国寺1号)
新华书店总店北京发行所经销
北京市通达诚信印刷有限公司
*
720×1000毫米 16开 20印张 220千字
2012年1月第1版 2012年1月第1次印刷
定价:39.80元
* * * *
(本书若有印装质量问题,请与发行部联系调换)

前言

工作中,我们经常会遇到一些令人困惑的现象,为什么我们从事不同的职业就会导致不同的人生价值取向,为什么在不同的职业环境中就会产生不同的职业心理呢?

其实,工作中的许多现象,都是受我们所从事的职业影响的,从而也是受工作中员工的心理规律性所影响, 一些工作的疑难问题,如果充分地认识了自己的职业,并能运用心理学去解决,往往会有拨云见日、云开雨霁的效果。

那么,什么是职业呢? 对于职业的概念和内涵的界定并无一个统一的形式,中西方研究职业的学者都有其各自对职业概念的认识和定义,无论他们的表述方式是否相同,从这些定义中我们可以窥见职业的内涵。

美国社会学家舒尔兹认为,职业是一个人为了不断取得个人收入而连续从事的、具有市场价值的特殊活动,这种活动决定着从业者的社会地位。因此,职业具有经济性、技术性和社会性。著名哲学家、心理学家杜威从实用主义哲学观点出发对职业进行了阐述,他认为职业是人们从中获得利益的一种生活活动。而社会学家泰勒则提出:“职业的社会学概念,可以解释为一套成为模式的与特殊工作经验有关的人群关系。这种成为模式的工作关系的整合,促进了职业结构的发展和职业意识形态的显现。”他的观点揭示了职业作为生产关系的本质。总之,在我看来,职业作为社会劳动分工的一种形式,其内在规定性是由社会劳动分工本身所确定的,既负有社会劳动分工所赋予的职业责任,又是个体劳动转化为社会劳动和个人谋生的基本方式。它是人们从中可以得到利益的一种生活活动,是一套成为模式的、与特殊工作经验有关的人群关系,是人们为了谋生和发展而从事的相对稳定的、有收入的、专门类别的社会劳动。是“个性发挥、任务的实现和维持生活的连续性的人类活动。”应该说,无视和否定职业的经济功能,不是一种实事求是的态度;然而,认为职业惟有经济功能,又的确不是实事求是的态度。

对于我们职业人来说,一定要认识到职业是人们从事相对稳定的专门类别的工作,并从中获得收益。可以说,职业是人的社会角色的一个重要方面。因为它是对人们的生活方式、文化水平、经济状况等的综合反映,是一个人社会地位的一般性表征。

中国人民大学社会学系最近公布了一项在北京地区进行的职业声望调查结果。此次调查选择了能反映中国职业结构的 100 种职业,按各职业在公众中声望的高低顺序排列的前 10 名如下:1、科学家;2、大学教授;3、工程师;4、物理学家;5、医生;6、经济学家;7、社会学家;8、法官;9、飞行员;10、检查官。

此次调查发现,明星职业声望未必就高,比如收入颇丰的时装模特、流行歌星等,人们对其职业地位的评价并不高,分居第 66 位和第 85 位。

由此可见,我们作为社会化的人,工作已经成为大部分人生命中的一部分,然而工作中总有很多事情是你无法控制的,因为工作和工作的人,都是具有一定复杂性的,比如你不会知道同事和领导的才能,你不知道该如何去把握对方的心理。在这样的情况下,你就必须学点职业心理学。

我们知道,心理学,这个富有极大探索性的科学领域,不仅引起了大批科学家们的深思,也引起了大众的好奇。在这个与人们生活密切相关的科学领域里,充满了许多未解之谜,神秘而又存在,成为人类探索世界的三大奥秘之一。

人们普遍意识到生活的各个领域都与心理学息息相关,心理学不仅是我们生活的调味品,也逐渐成为了生活的必需品,心理学的科学领域已深入到每个人的生命之中。哪里有人,哪里就会有心理学。心理学在中国发展至今,已深入人心,大众对心理学的认识更深刻了,意识到它在个体整个生命历程中的重要作用;人们对心理学知识的渴求也越来越强烈了,希望通过阅读和学习心理学的书籍,增长知识,指导工作,品味生活。由于心理学所富有的极强的实用价值,使人们感到学习心理学知识可以提高生命的质量,可以增加生活的品位,可以使个体成为健康而有作为的人。

培养我们良好的心理性素质、健全的心理性素质以及全面的社会性素质是社会职业和组织的发展对人的要求,只有具备了这些素质的人才,才能在当今快速变革和竞争激烈的社会环境中适应组织和职业的变化要求,从而完成自我的职业发展,并为组织和社会创造财富。

目录

第一章　职业心理学

职业对于大家来说是既熟悉又亲切的话题。人一生中的大部分时间都在跟某些职业打交道，大量的社会资源也是通过职业进行积累和分配的。到了今天，职业已经不仅仅是个人解决衣食住行的谋生手段，更是实现自我价值、追求人生意义的重要途径。

什么是职业心理学 …………………………………………… 3
职业的发展过程 ……………………………………………… 6
职业生涯中的人际关系 ……………………………………… 9
给你和你的职业定位 ………………………………………… 13
对待职业要有一个度 ………………………………………… 16
要具备良好的职业道德 ……………………………………… 19
了解职业的内在本质 ………………………………………… 22
职业是你成功的基石 ………………………………………… 27

第二章　职业即是你的使命

人为什么要工作？工作的动机是为了什么？每个人都应该相信，工作是人与生俱来的一种责任，每个人都应将工作视为自己不可推卸的神圣天职。

职业与使命 …………………………………………………… 31
使命起始于工作 ……………………………………………… 35
树立员工新主人翁意识 ……………………………………… 37
树立你的职业使命感 ………………………………………… 41
认同你所在企业的使命 ……………………………………… 44
有使命就有获取 ……………………………………………… 48

使命让你与公司双赢 …… 51
任何时候都要肩负你的使命 …… 54
将使命进行到底 …… 57

第三章　如何选择职业

工作是我们赖以生存与发展的基础，当我们努力地工作，并认识到工作就是为自己的人生而奋斗，那么，我们已经得到了最幸福、快乐的人生。

生命的价值在于职业 …… 63
工作的目的是什么 …… 66
掌握好选择职业的关键 …… 69
给你做一个职业规划 …… 72
对工作要有正确的信仰 …… 77
树立职业信仰 …… 80
职业即是你的事业 …… 84

第四章　把职业阶梯化

在我们的工作中，我们必须有自己的职业目标。一个胸怀远大志向的人，必须设计好自己的职业生涯，对职业生涯有着整体和长远的认识，为自己树立坚定的目标。

确立自己的职业目标 …… 93
找准自己的位置 …… 97
逐步达成自我实现 …… 100
制定一个工作标准 …… 104
要有时间观念 …… 107
明确地向着目标前进 …… 111
培养你的职业竞争力 …… 114

第五章　持有为自己工作的心态

一荣俱荣，一损俱损！将身心彻底融入公司，尽职尽责，处处为公司着想，对投资人承担风险的勇气报以钦佩，理解管理者的压力，那么任何一个上司会视你为公司的支柱。

你为谁而工作 …… 119

善待你的工作 …………………………………………………………… 122
比他人早一点上班，晚一点下班 ………………………………………… 126
热爱你的工作 …………………………………………………………… 129
不要为了薪水而工作 ……………………………………………………… 132
工作让你拥有成就感 ……………………………………………………… 136

第六章　应持有这样的职业心态

工作是人的天职，履行这个天职最为重要的是要有相关的技能，就像猫一定要学会抓老鼠一样，如果没有好的工作态度和技能，就无法履行你的天职，也就无法成为你自己了。

端正你的工作态度 ………………………………………………………… 143
对待工作就是对待生活 …………………………………………………… 146
把工作做到最好 …………………………………………………………… 150
工作是你的天职 …………………………………………………………… 153
认同你的工作 ……………………………………………………………… 156
学着在工作中寻找快乐 …………………………………………………… 159
要做到最好 ………………………………………………………………… 163

第七章　要具有创新精神

创新，在我们的工作中是多么重要。创意的确是无限的，只要我们肯去想，那有什么事情是办不到的，有什么事情是我们无法解决的呢？一个小小的创意改变的不仅是现有的状态，它给我们开辟的局面将会更加宽广。

有创意才会有改变 ………………………………………………………… 169
改变目前的思路 …………………………………………………………… 173
创意无处不在 ……………………………………………………………… 176
培养你的创新意识 ………………………………………………………… 179
要有超越一切的信心 ……………………………………………………… 182
创新必须突破现有的思维定势 …………………………………………… 185
要有放手一搏的勇气 ……………………………………………………… 189
提升创新力 ………………………………………………………………… 192

第八章　要学会敬业

敬业所体现的是一个人的能力，也体现出一个人对社会、对企业、对家庭等的责任感和奉献精神。同时，敬业也体现出一个人对人生的追求、热爱和积极的态度。

要学会敬业 …………………………………………… 197
养成敬业的习惯 ……………………………………… 201
对待工作要庄严 ……………………………………… 205
懂得敬业才能有好发展 ……………………………… 208
敬业让你更受益 ……………………………………… 211
敬业就能成功 ………………………………………… 214
珍惜你的工作 ………………………………………… 217

第九章　保持工作的效率

效率是职场竞争的关键一环，在工作中谁掌握了效率，谁就提前得到了快速提升的法宝。有些人一直在忙碌但就是不见成交，那么，他就有必要反思自己的工作方式，重新为自己找一条合适的途径以实现事半功倍的工作效果。

专注才有效率 ………………………………………… 223
专注于你的工作 ……………………………………… 226
把精力全放在工作上 ………………………………… 230
积极主动才有效率 …………………………………… 234
有条不紊地工作 ……………………………………… 237
保持工作的效率 ……………………………………… 240
合理安排你的时间 …………………………………… 244

第十章　热爱你的工作

热爱我们的工作，对工作态度热心、认真，其实就是对我们的生命的热心、认真，是一种热爱生命、热爱人生的体现。美国在线创始人詹姆斯?金姆塞对此也有非常精辟的看法，他说："如果对工作缺乏热情，只是为了薪水而工作，很可能既赚不到钱，也找不到人生的乐趣。"

热爱你的工作 ………………………………………… 251
干一行，爱一行 ……………………………………… 254

想清楚你为公司做什么 …… 258
工作是事业的基石 …… 262
对待工作要心存感激 …… 266
对待工作要认真 …… 269
培养工作兴趣 …… 274

第十一章　严格执行的态度

执行力决定一个人的成功，没有执行力，就没有竞争力。执行力决定着你是否能把工作尽快地做好。

严格要求自己 …… 281
执行为什么难 …… 283
战略巧安排，细节多执行 …… 287
要为自己的行为负责 …… 290
执行要有力度 …… 292
执行就是坚强你的意志 …… 295

第一章 职业心理学

职业对于大家来说是既熟悉又亲切的话题。人一生中的大部分时间都在跟某些职业打交道，大量的社会资源也是通过职业进行积累和分配的。到了今天，职业已经不仅仅是个人解决衣食住行的谋生手段，更是实现自我价值、追求人生意义的重要途径。

什么是职业心理学

职业心理学是研究在不断变迁的社会环境下，个体在职业活动中的职业心理现象及其心理规律的科学，是应用心理学的一个重要分支。职业心理学已涵盖了人在整个职业生涯中的心理现象和心理规律的研究。职业心理学还把基础心理学的基本原理和研究方法应用于人类职业活动的探索和研究，分析个体、职业组织和社会之间相互作用的关系，从而揭示人们在职业活动中的各种心理现象，阐明这些现象发生发展的一般规律。职业心理学的意义在于有效指导人们的职业实践，帮助提高职业组织的效能。

在我们的职业发展过程中，不管我们是高层管理者还是普通员工，无论我们是柔弱的还是坚强的，我们的内心都会有着自己不敢面对的一面，或恐惧黑暗，或不敢面对生死病痛，或者对工作生活中的困难不知如何克服……面对这些困难，我们应该怎样去克服，我们是不是要学点职业心理学？答案当然是肯定的，我们必须学点职业心理学。

早在古希腊,柏拉图将人的个性划分为“理智型”、“意志型”、“情绪型”,他提出这三种不同的个性分别适合不同的社会职业,并获得不同的社会地位。“理智型”的人适合做统治者和哲学家,领导并教育民众;“意志型”的人适合做战士和公职人员,服务并管理国家;“情绪型”的人则只能作为平民接受统治和管理。

中国古代圣人孔子也较早对人的基本个性进行了分类,他说:“不得中行而与之,必也狂狷乎,狂者进取,狷者有所不为也。”他把人的个性分为“狂”、“狷”、“中行”三种,中行即中庸,狂者敢作敢为,狷者拘谨,有所不为。孔子用这种个性分类法对他的 72 位弟子进行了分析,并对他们的职业和人生发展方向进行了预测和匹配。可见,在那个时候孔子就已经有了人与职业匹配的思想。

然而,由于古代生产力发展缓慢,使得职业心理学思想裹足不前。直到 1879 年,冯特建立了世界上第一个心理实验室,心理学才正式成为一门独立的学科发展起来。早期职业心理学的一些理论研究工作来自两次世界大战的需要。如在英国,人们对于第一次世界大战中长时间在军工厂工作的不利后果表示担心,在第二次世界大战中研究设计适合飞行员能力的驾驶舱。第一次世界大战后,美国人为需要对士兵进行筛选,只有那些通过能力和人格测验并具备士兵职位要求的人才能被录取。诸如此类的战争需求推动了职业心理相关领域的研究,第一次世界大战以后职业心理学得到蓬勃发展。

职业心理学、组织心理学以及工作心理学关系密切,三者的研究内容和研究方向常常使人感到迷惑。工作心理学在美国被称为工业组织心理学，而在英国，它则常常被称为职业心理学。这与工作心理学发展的两个源头有关，一个源头为帕森斯(Talcott Parsons)所开创的从个体心理出发的职业心理学，即被称为“让人适应工作”(FMJ) 的传统理论；另一个源头是闵斯特伯格(Munsterberg)所开创的从职业组织出发的职业心理学，即被称为“让工作适应人”(FJM)的传统理论。前者主要关注职业指导、职业选择、职业生涯规划等领域，试图通过关注人来使得工作和人达到有效的匹配；后者则主要关注工作设计，研究适于员工生理、心理特征的工作条件等领域，试图通过关注工作来使得人和工作达到有效匹配。职业心理学的研究大都由第一个源头发展而来，组织心理学适用于第二个源头，而工作心理学则同时涵盖了两个源头的发展方向。

职业的发展过程

职业并不是从来就有的。原始社会初期，氏族成员之间的分工是以性别、年龄等生理因素为基础的自然分工，还没有社会分工，因此，也就没有明确的职业存在。职业是在人类社会出现分工之后才产生的一种社会历史现象，社会的进步直接影响着职业的变迁。纵观人类社会发展史，从原始社会、奴隶社会到封建社会，职业从无到有，种类由少变多。工业技术革命解放了生产力，社会化和专业化程度越来越高，社会分工越来越细，现代职业种类迅速增加，职业的演变也烙上了深深的时代印记。因此，我们还应该学会用发展的眼光看待职业。

美国著名的心理学家德西经过长期的实验发现，当一个人从事有内在兴趣的工作时，可以在自己的身上发掘出一种自觉的、发自内心的精神力量。

每天，有许多人在茫然中上班、下班，到了固定的日子领回自己的薪水。高兴一番或者抱怨一番之后，仍然茫然地去工作。他们在上班、下班之中，从不思索关于自己的工作问题。可以想像，活在这样一种精神状态中的他们，只是被动地应付工作，为了工作而工作。他们没有发掘出自己的精神力量，所以在工作之中“得过且过”地混日子，而不能在工作中自动自发地投入自己的热情和智慧，仅是机械地完成任务。

其实，一个人的工作成就，往往包涵了他的智慧、激情、信仰、想像力和创造力等诸多因素。假如他能够在工作的过程中激发出自己内心的精神力量，便会在工作中拥有双倍甚至更多的智慧和激情，积极主动而又卓有成效地完成自己的工作。

我们常常喜欢从外部环境中为自己寻找理由开脱，不是抱怨职位、待遇、工作中的环境，就是抱怨同事、上司或老板，而很少有人从自己下手，分析一下情况，挖掘自己内心的精神力量，让自己集中精神，投入到自己的工作之中。

露茜小姐是一家报社的记者，十多年过去了，也一直没有发展的机会，职位和薪水也不是很理想。有一段时间，她甚至想辞职。但是，她又害怕辞职后一旦找不到合适的工作，就得面临失业的问题，犹豫一番后，最终还是安慰自己：算了吧！就这样混下去吧，到了别的公司也一样。

有一天，她和一个朋友去聚会，又在餐桌上抱怨自己的工作环境。这位朋友一脸严肃地说：“造成现在这种情况，你思考过原因吗？你尝试过了解你的工作，让自己从内心深处对这份工作真正产生兴趣，并喜爱它吗？你是否真正在工作中，把它当成一项伟大的事业而认认真真努力过吗？如果你仅仅是因为对现在的工作职位、薪水感到不满而辞去工作，你也就不会有更好的选择，稍微忍耐一下，转变你的态度，试着从现在的工作中找到价值和乐趣，你会有意外的发现和收获。假如你真正这样努力尝试过之后，依然没有变化，再辞职也不迟。”

这位朋友的话对露茜深有触动，她尝试着让自己重新开始，以积极的态度去处理自己的工作。结果，感觉和效果完全不同，不满的情绪也渐渐消失了，在工作中渐渐有了一种让她留恋的感觉。因此，她的工作才华得到了极大的展示，很快受到上司的提拔和重用。

美国心理学家德西在原先的研究基础上，进一步研究实验，向我们揭示出以下几个至关重要的结果。

1、人并不是天生就厌恶工作，只会因工作而成熟，变得更独立自主，而有意识地开发自己的精神力量、提升自己的能力，这样做是为了满足身心的需要。

2、人为了自己心目中想要实现的目标，会主动致力于把自己的目标与组织的目标统一起来，做到两全其美。

3、通过引导，人能够学会接受责任，直至寻求责任。大多数人都具有相当程度的想像力、智力和创造力，但在实际工作中，许多人的潜力往往没有得到充分的发挥。

4、为人们创造和提供机会，引导和调动人们的成就感、自豪感，往往在满足他们内心需要的同时，使他们能更好地完成自己所负责的工作。假如不注意发挥人们的自觉因素，单纯靠增加报酬、发放奖金等物质条件刺激他们积极的工作，往往不会有太多进展与收获的。有时候“人是永远得不到满足的。”

因此，对于职场中的人而言，倘若能正确地认识自己的价值和能力及其社会责任，便会对自己的工作渐渐产生出兴趣。而产生出一种肯定自己工作的情感和巨大的精神动力之后，就算是在各种条件都比较差的情况下，也不会放松对自己工作的要求。相反，要会努力克制、调整自己的心态和情绪，积极主动地发挥自己的各种能力，创造性地投入到自己的工作之中，扭转工作的不利状况，为公司和个人带来利益。

职业生涯中的人际关系

职业生涯中，人们已经感受到社会进步促进了社会职业的发展变迁，所以必须对自己所从事的职业加以正确的认识，并同时用心理学的观点来加以指导，这样才能取得长足的发展。

我们知道，一个人应努力地与自己毫无关系的行业人员接触，并学习其他行业的知识。只固守在自己的同行之中,无法建立多层面的人际关系。虽然你具备了完整的专业知识,但在复杂的社会中,只具备自己工作领域中的知识是不够用的,这样并不能成为一个完全的职业化人。在这样的情况下,我们就要敢于向自己宣战。正如这样一句话:"你敢不敢向自己宣战,挑战自己未知的恐惧。其实,一旦你下定决心这样做,你会发现,你所谓的恐惧并不恐惧。"

一个平凡的上班族迈克·英泰尔,37岁那年做出了一个疯狂的决定:他放弃薪水优厚的记者工作,把身上仅有的3块多美元捐给街角的流浪汉,只带了干净的内衣裤,由阳光明媚的加州,靠搭便车与陌生人的好心,横越美国。

他的目的地是美国东岸北卡罗莱纳州的"恐怖角"(CapeFear)。

这是他精神快崩溃时做的一个仓促决定。某个午后他"忽然"哭了,因为他问了自己一个问题:如果有人通知我今天死期到了,我会后悔吗?答案竟是那么的肯定。虽然他有好工作、亲友、美丽的同居女友,他发现自己这辈子从来没有下过什么赌注,平顺的人生从没有高峰或谷底。

他为了自己懦弱的上半生而哭。

一念之间,他选择北卡罗莱纳州的恐怖角作为最终目的地,借以象征他征服生命中所有恐惧的决心。

他检讨自己,很诚实地为他的"恐惧"开出一张清单:打从小时候他就怕保姆、怕邮差、怕鸟、怕猫、怕蛇、怕蝙蝠、怕黑暗、怕大海、怕飞、怕城市、怕荒野、怕热闹又怕孤独、怕失败又怕成功、怕精神崩溃……他无所不怕,却又似乎"英勇"地当了记者。

这个懦弱的37岁男人上路前竟还接到奶奶的纸条:“你一定会在路上被人杀掉。”但他成功了,4000多里路,78顿饭,仰赖82个好心的陌生人。

一路上,他没有接受过任何金钱的馈赠,在雷雨交加中睡在潮湿的睡袋里,也有几个像杀手或抢匪的家伙使他心惊胆战。他在游民之家靠打工换取住宿,还碰到不少患有精神疾病的好心人。他终于来到恐怖角,接到女友寄给他的提款卡(他看见那个包裹时恨不得跳上柜台拥抱邮局职员)。他不是为了证明金钱无用,只是用这种正常人会觉得“无聊”的艰辛旅程来使自己面对所有的恐惧。

恐怖角到了,但恐怖角并不恐怖。原来“恐怖角”这个名称,是一位16世纪的探险家取的,本来叫“CapeFaire”,被讹写为“CapeFear”,只是一个失误。

迈克·英泰尔终于明白:“这名字的不当,就像我自己的恐惧一样。我现在明白自己为什么一直害怕做错事,我不是恐惧死亡,而是恐惧生命。”

花了6个星期的时间,到了一个和自己的想像无关的地方,他得到了什么?

得到的不是目的,而是过程。虽然他绝不会想要再来一次,但这次经历在他的回忆中是甜美的信心之旅,彷如人生。

真的,人生真不过如此了。当你在一个安逸的环境中沉湎得太久时,一切都已成定势,你只是顺着生活的惯性在走路,心中已没有了追求事业和成功的热切渴望。所有的东西都静如止水,进入接近真空的状态,曾经的棱角和锐气被磨平。这样的人是悲哀的,注定在事业上庸庸碌碌，一无所成。

由此，明智的做法应该是从改变自己做起。一个人只有勇于去改变，才能让事业和生活的轨道脱离原来的固有模式，朝着新的方向驰骋。给自己一个好的改变吧，这是你事业成功的必由之路，也是人生对你的要求。若一点儿也不了解其他行业的人的想法与行动，就无法达到自我成长的目的。

心胸狭窄的人无法交友广阔。如果没有丰富的知识与悟性，或情感与智慧的完美结合，就不能成为一个有魅力的人。吸收自己本行的专业知识，这是不用说的事，但藉着了解不同性质的行业中的不同生活方式，不但可以增加自己的见闻，更可以交到许多不同的朋友，这更是重要的交际技巧。

日本的综合性贸易公司之所以能在世界上独占鳌头，就是因为这些综合性的贸易公司不只是销售产品，更重要的是知识的供应。由于他们能够提供多元化的知识与商品，所以能够产生出独特的效果，吸引更多的顾客上门。

除了自己的本行之外，交往的对象必须扩大到其他各式各样的职业高手，以增加自己的知识及关系。

然而，这并不是说特意地结交各种行为的人。最简单可行的是和自己的中学或大学同学及以往的故友保持联络，所以必须踊跃地参加同学会。只可惜现代人多居住在空间狭窄的都市区，没有更多的机会与人交往。

为了积极地与人们交往，应多参加各项活动，及利用孩子学校中的活动都是可行的做法。直接从事事业活动及旅游行业的人，可以借着与顾客密切地往来，轻易地与顾客建立起友好的情谊。而从事内勤工作的专业人员，就很少有机会和公司同事以外的人接触。这时，就得利用自己的另一半——丈夫(或妻子)。

或许你的另一半是个不擅交际的人。若是这样，那就得努力地培养兴趣或运动。多参加各项体育活动或旅行、野营活动等都是很好的办法。无论如何，具有一项专精的嗜好是一个积极者不可或缺的要件。

利用嗜好建立起的人际关系，更会产生远超过年龄、职业、地位的效果。即使是因为工作关系而结交的朋友，如果能够有共同兴趣，就容易在下班的时间以轻松的心情在和谐的气氛中交往。

给你和你的职业定位

人生最大的挑战就是自己。一个人的发展在某种程度上取决于自己对自己的评价，这种评价有一个通俗的名词——定位。在心中把自己定位成什么，就是什么，因为定位能决定人生，定位同样也能改变人生。不能正确的评价自己，做好定位，是人生成功道路上一堵阻隔的墙。

正确的做法应该是正确的认识自己，找准人生坐标，改变错误的思维模式。其实，人生最大的挑战就是挑战自己，这是因为其他敌人都容易战胜，惟独自己是最难战胜的。有位作家说得好："自己把自己说服了，是一种理智的胜利；自己被自己感动了，是一种心灵的升华；自己把自己征服了，是一种人生的成熟。"说服了、感动了、征服了自己的人，就有力量征服一切挫折、痛苦和不幸。"套牢"是股市上的一个术语，却也很好地表现出了人生中的一种尴尬境地。就像一个禅学故事中所讲："一只贪食的鸟儿拼命地往网孔中钻，可任凭它怎样用力，脖子被勒得窒息，也够不着近在咫尺的虫子。"当人们拼着性命往套中钻时，却怎么也得不到自己所渴望得到的。也许，这种削尖脑袋往套中钻的动机和想法本身就是一个圈套，或者说是一堵围困人生的墙。《围炉夜话》中指出："为人循矩度，而不见精神，则登场之傀儡也；做事守章程，而不知权变，则依样之葫芦也。"一个人只有勇于突破自己，求新求变，才能焕发生命的光彩。

每个人都无法逃避充满诱惑的社会，那么，就勇敢地面对它吧！让自己多一份理智，少一份自我的捆绑，人生会收获如意的轻松、恬适的诗情。古语说，"人为财死，鸟为食亡"，言及贪得无厌的人往往没有好下场。贪欲永远无边，所以放纵贪欲就会招来无穷的灾害。清心寡欲的人常常克制对金钱及其他对人充满诱惑的事物的欲望，而大多数人却放纵这样的欲望。知足者常乐！知足便不贪婪，不奢求，不豪夺巧取；知足便不做非分之想；知足便不好高骛远；知足便安若止水、气静心平。知足者温饱无虑便是幸事；知足者无病无灾便是福泽。所谓养性修身，参禅悟道，在常人理解，无非就是个散淡随缘，乐天知命。知份心自足，委顺常自安，这其中的玄机就靠自己去参悟了。

在这社会中，人和人之间的情感是在相互的施予爱之中生长的。孟子说得好："爱人者，人恒爱之。"你如果能主动伸出善意的手，它马上就会被无数友情的手握住的。一位哲人说："你的心态就是你真正的主人。"一位伟人说："要么你去驾驭生命，要么是生命驾驭你。你的心态决定，谁是坐骑，谁是骑师。"人生成败，在乎一心！失败者的最大败因，就在于他嫉妒、猜疑、悲观……如同一道心墙，阻隔着他追逐成功的步履。世界的改变、生意的成功，常常属于那些敢于抓住时机、敢于冒险的人。有些人很聪明，自认为对不测因素和风险看得很清楚，因此不敢冒一点险，停滞不前，聪明反被聪明误，结果永远只能"糊口"而已。

人的悲哀不在于他们不去努力，而在于他们总爱给自己设定许多的条条框框，这种条框无意之间限制了他们想像的空间以及创造的潜能和奋进的范围，看似一天到晚在忙碌，实际上已经被自己套上了可怕的"金钟罩"，最终注定碌碌无为。比如：一只在瓶子里自我设限的跳蚤，注定无法逾越新的高度！人有时就像一只跳蚤，习惯了平淡而毫无激情的生存方式，自我设限，自我封闭，自欺欺人，消极保守，碌碌无为，始终生活在茫然的迷失和失败的阴影之中……这是一种悲哀！然而，真正悲哀的是习惯在这样思维模式下没有出路。实际上，如果能从风险的转化和准备上进行谋划，风险就不再可怕，相反，适度的冒险，也许能为你带来财富和幸运。

对待职业要有一个度

心理学家对1000名创业成功者进行调查研究，发现这些成功者们走向成功的几个步骤，这些步骤都可以归纳为一点：都具有积极的自我意识，能够主动抓住机遇创业，并一直保持积极的自我意识、自我评价、自我控制以及自我期待。为什么积极的自我意识能产生如此神奇的力量呢？

专家的研究成果告诉我们：在每个人的身上都具有一种自我意识的灵魂，这种灵魂能促使他们培养起一种自动自发的精神。一个具备自动自发素质的人，才会主动去做事，而不是被动去做事。当你自主创业时，可能除了你自己，没人再不停地督促你。一个习惯于被人喊来喊去做事的人，最不适合创业。在他们看来，每个人身上都具有巨大的潜能没有发挥出来。美国学者詹姆斯经研究认为，普通人只开发了他蕴藏的潜力的 1/10，与应当取得的成就相比，只不过发挥了一小部分能量，只利用了身心资源的很小一部分。只有具备这种积极的自我意识，一个人才会知道自己是什么样的人，并知道能够成为什么样的人，进而积极地开发和利用自己身上的潜能走向成功。

道尼斯先生来到一家进出口公司工作后，晋升速度之快，与他经常加班和对工作的热爱是分不开的。

心理学家分析：每一个工作狂都有不同的工作动机。如有人嗜好工作的侵略性；有人依赖井然有序的工作来满足被动心态；也有人是想借工作来麻痹自己；还有的人则是因为激烈的竞争需求，用工作代表胜利，觉得自己高人一等……

尽管工作狂也各不相同，心理专家还是提供了几种方法来让我们加以辨别。

(1)工作狂偏好技能，并且尽量避免无需用到技能的场合。像表达感情、想像力这一类的事，通常他们比较畏怯。

(2)工作狂的心中充满定义、原则、目标、方法、步骤、策略等等，遇到难以理解的事，他们绝对无法接受“笔墨难以形容”这类的说法。

(3)工作狂决不轻易放过任何事，总是引导攻击每一件事。即使他在看一部电影或者一本书的时候，恐怕心里也是想着：“如果换成我来演、来写，就会如何如何不同。”

(4)工作狂无法享受“现在”的感觉，完全受制于工作的目标、成果和终点。

(5)效率是工作狂的信仰之一,而且近乎吹毛求疵,任何浪费、损失都令他们勃然大怒。

你是不是工作狂,只有你最清楚。你要不要变成工作狂,也完全由你决定。但是你必须相信一件事,虽然有很多的书籍以及专家教导我们要热爱工作,但你不要错误领会,那绝对不是要我们变成工作的奴隶,完全被工作操控,而是要我们去做工作的主人。

一个人不可能为别人负责,只能对自己负责。有些工作狂常常把别人的事当成自己的事,希望自己对所有人负责。其实,他们不可能做到如此。其结果往往是,他们不仅把自己弄得疲惫不堪,对方也不见得领情,反而认为你紧迫盯人,带来莫大的压力。

一个人不要做工作的奴隶。有些工作狂,常常不自觉地会给周围的人带来压力,对别人的"感觉"也往往视而不见。有些工作狂其实是缺乏信心,期望从加倍工作中得到别人的掌声。不要太在乎别人对你的评价,否则,那反而会变成你的包袱。

根据心理专家的说法,如果要检验一个人是否有工作狂,不是看他"做了什么",而是看"不能不做什么"。心理专家也指出,工作狂的生活几乎完全受工作支配,一旦他们停下来,就会觉得生活顿失重心,无所适从。

看看你自己,是否已经成为一种工作狂,如果不是,那当然值得庆幸;如果是的,那就赶紧将自己解脱出来吧。

要具备良好的职业道德

说起人的精神状态，大家都知道非常重要。没有人愿意跟一个整天提不起精神的人打交道，没有哪一个上司愿意将一个精神萎靡不振、牢骚满腹的员工安排在身边工作。在充满竞争的职场里，在以成败论英雄的工作中，谁能自始自终陪伴你，鼓励你，帮助你呢？不是你的上司，不是同事，不是下属，也不是朋友，他们都不能做到这一点。唯有你自已时刻用信心和激情来激励自已，才能更好地去迎接每一次的挑战。保持对工作的新鲜感是保证你工作激情的有效方法。首先，你必须要改变工作只是一种谋生手段的片面认识，因为工作不仅是谋生，也是人生的乐趣、智慧、才华的展示；其次，就是给自已不断树立新目标，挖掘新鲜感：要常常审视自已做过的工作，看看有哪些不完善、不尽如意的地方，然后把它尽可能地弥补……在你圆满地解决了一个又一个问题后，自然就会产生一些小小的欣慰和成就感，这种新鲜的感觉就是让激情每天都陪伴自己的最佳方法。

工作时神情专注，走路时昂首挺胸，与人交谈时面带微笑……会让人们觉得你是一个值得信赖的人。当你越是疲倦的时候，就越要穿得好一点、越要精神一点，让人完全看不出你的一丝倦容。如果是女同志，还可画个淡妆，这样做会给他人带来积极影响。

曾经看过这样一条新闻，说是北京一家医院在同一天为两个患不同病症的儿童做手术。

由于手术时间只相差十几分钟，当时又只有一辆手推车，护士懒得奔跑两趟，便把两个患儿放在同一辆车上，进入手术室后也未核对患儿病史信息，就随意把两人放到两个不同的手术台上。结果，要施扁桃体肥大摘除术的患儿失去了胆囊，另一位喉管正常的儿童却留下了咽部残疾。这是一种非常不负责任、非职业化的表现。

喜欢足球的朋友都知道，精彩的足球比赛需要很优秀的职业球员。因为优秀的职业球员不仅表现出良好的竞技水平，而且会展现出其优秀的人格。

在比赛中，作为一名职业球员，他不仅能高水平地打好比赛，更能对场上的一些变化与突发事件表现得非常理智与冷静，表现得非常职业化。作为球迷，你可以顿足捶胸，可以大声叫喊以排遣你的愤怒，而对于球员，比赛当中任何形式的过激还击都不能解决问题，反而会降低自身职业化的品格。

在工作中，同样需要每位参与者具有优秀的职业化素养。这里的职业化并不是简单指某个人在职位上工作的熟练程度，而是包含了更多较深层次的东西。

首先，就是要有职业精神。

职业精神体现在日常的工作中。有人在雨天对公共汽车停车的方式做过观察，在一个路边有宽 3 米积水的车站，有 8 个司机把车停在距候车乘客 1.8 米左右的地方，这个位置，乘客一般无法一步上车，大部分人要涉水上车；还有 4 名司机快速驾车驶进站台，用溅起的泥水与乘客“打招呼”；只有两名司机将车停在乘客抬脚即可登车的地方。

停在标准的位置，让乘客安全方便地登车，这一点在技术上对哪个专业司机都不难，但因为职业精神上的差距，标准化操作水平的不同，为乘客着想的服务态度的差别，工作的结果就完全不同。

其次是要拥有高尚的职业道德。

人类常常用食物和鞭子的方式来驯化某些动物完成某项工作，如拉车或表演，如果动物不拉车则用鞭子赶，如果野兽不表演则用食物加以诱导。人类则不同，每个人都有着自己的思想，并存在着各种各样的思想意识，所以一个员工是否能够保质保量完成自己的工作，完全取决于他们的职业道德。从某种意义上说，企业的发展和产品质量的优良都直接与企业每个员工高尚的职业道德相联系。

良好的职业道德，专业的职业精神，是作为一名员工最起码的要求。如果你能够把这种精神更好地加以发扬，把你的工作做得更到位一些，那么，你就会成为一名优秀的员工，你离成功也就不远了。

一个人的职业精神和职业道德体现在他对工作的细节中，很多应聘者，或在职员工之所以失去了工作机会，正是因为其在某个细节上的非职业化行为，或是某一方面的非职业化习惯导致的。你不能控制所在公司会做出什么样的决定，但你至少可以控制你自己的工作质量，你可以通过把平凡的事做得不平凡，使自己的道路四通八达。

卓越的专业精神永远都是最好的工作保障，你也许决定不了会不会失去工作，但你可以掌握你的职业道德。

了解职业的内在本质

在我们的职业生涯中，我们无论做什么工作，都要看清楚工作的本质是什么，了解这一点，我认为是非常必要的。有人说："做自己喜欢做的事就会很快乐。""做必须做的事，投入其中，并试着去喜欢它。"这是职业化的所作所为，也是快乐生存的策略。

事实也是这样，每个人都必须当机立断，去做自己喜欢做的事情，我们每个人每天都有许多事可做，但有一条原则不能变，那就是一定要做你最喜欢做的事。只有我们喜欢我们所从事的工作，我们才能在工作中找到乐趣，如果我们总是做自己不喜欢做的事，我们还谈什么突破自我，创造价值。

很多人在寻找工作的时候，都不知道自己要做什么，或是逼迫自己硬着头皮去做一些自己不喜欢做的事，这是一件很可悲的事。有一位机械师不喜欢自己的工作想转行，却迟迟下不了决心，因为他已经学了二十几年的机械，如果突然换一份其他的工作，会感到很不适应，尽管不喜欢，却无法抛开累积多年的机械专业知识。他想改变，但又甩不掉过去的包袱，自然无法突破。

这是个矛盾，既然知道自己再继续做下去也不会有兴趣，就应该果断地作出决定：转行。做自己喜欢的事情毕竟是令人兴奋的，也更容易激发自己的想像力和创造力，并会最终取得卓越的成就。

要改变自己目前的状况，要让自己做事情更有成效，我们就必须作出更好的决定，采取更好的行动。当然，在我们工作中，我们也要认识到，我们不能总是在工作中找到快乐，毕竟我们是在工作，而不是在娱乐，遭受上司的批评，在工作中遇到困难也就在所难免了。更重要的是我们还要看到，我们的工作是在为公司、为老板、为自己创造利润，所以我们也就没有自己想像的那样快乐，毕竟老板付给我们薪水，就是我们已经为公司创造了利润，最后才能得到了回报。

古代一位罗马哲学家曾经给我们提供过人类最伟大的见解。这位哲学家认为，没有卑微的工作，只有卑微的工作态度，而我们的工作态度取决于我们自己。我们每个人都得面对许多不喜欢但又必须做的事，因为这是由我们的工作所决定的。所以在工作过程中，你不必为上班、加班、开会、应酬等事件影响自己的心情。我们只有在内心深处拥有更多渴望，我们才会充满激情地去工作，才会以不一样的心情投入其中，并且在工作中我们会很快地发现：一旦我们全身心地投入工作，我们承担的工作就会做得越来越好。

在我们的身边，总有不少人在抱怨自己的工作不如意，低人一等，自己从事这份工作仅是迫于生活的压力才这样做的。他们的眼睛紧紧盯住高薪与职位，这是非常危险的。因为在我们的工作中，我们要认识到当我们选择自己的职业时，就要有一种牺牲精神，就像真正的职业运动员为了成就会约束自己一样。当他们内心还有更多渴望的时候，在“喜欢做”和“必须做”之间，就作出了自然而然的选择。

在很久以前，我曾经给我的员工讲过这样一个故事，这个故事说的是有一个人要到国外去旅游，在他出门的时候，他就把他的三个仆人叫过来，希望他们把家看好管好。在主人交待完各自的工作后，又按照每个人的能力给仆人分配了银子，最多的一个给了5000两，一个给了2000两，最少的一个也给了1000两。在这个人做完这一切后，他就放心地去国外旅游了。在这个人走了之后，那个领了5000两银子的人随即拿钱去做买卖，另外赚了5000两银子。那个领了2000两的人也不甘平庸，他也照样另赚了2000两银子。但那领了1000两银子的却挖开地，把主人的银子埋起来了。

几个月的时间一晃而过，那些仆人的主人回来了。主人同时也从国外给他们带来了很好的礼物，在给他们礼物的时候，这个人问他们，“在我离开家的这段时间里，你们过得如何？”听主人如此说，那个领了5000两银子的人回到自己的屋子里给主人取来了10000两银子，并且说道：“主人啊，这些钱是由于你交给我5000两银子，然后我用它又赚了5000两，总共10000两银子，我现在交给你。”

主人听领了5000两银子的人话，然后说道：“好，你这又善良又忠心的仆人，你在较多的事上有忠心，我要把许多事派你去管理，你可以进来享受你主人的快乐。”

那个领了2000两的人见此情景，也急忙跑到自己的屋子里把钱拿了出来，并说道：“主人啊，这是你交给我的2000两银子，请看，我又赚了2000两，总共4000两银子。”

主人抬头看了看他说：“好，你这善良又忠心的仆人，你在很多的事上有忠心，我要把许多事派你去管理，你可以进来享受你主人的快乐。”

主人说完这句话之后，回头望着那个领了1000两银子的人，这个人也急忙回到屋里拿了把铁锹，到他埋钱的地方把钱刨出来，然后回来对主人说道：“主人啊，我知道你是个要强的人，没有种的地方要收割，没有散的地方要聚敛，我就害怕，于是就把你给我的1000两银子埋藏在地里。请看，你原来的银子在这里。”

主人听完这个人的回答，真是哭笑不得，只好说道：“你这又恶又懒的仆人，你既然知道我没有种的地方要收割，没有散的地方要聚敛，就应该把我的银子给兑换银钱的人，等到我回来的时候，也可以连本带利收回。”

主人说完这句话之后，就生气地从他的手里把1000两银子拿了过来，然后交给那个5000两和2000两的人，让他们去打点。主人在交钱的过程中还说道："因为凡有的，还要加给他，叫他有余；没有的，连他所有的也要夺过来。"主人说完这句话之后，把那个没有钱的人赶了出去。

这个可怜的仆人被赶出来之后，心里还很不服气，嘴里不停地说："我又没丢失主人给的一个钱，他应该赞赏我，为什么把我赶了出来。"在这个人看来，他认为自己虽然没有使钱增值，但也没有使钱丢失，就算完成任务了。然而他的主人却并不这么认为。他希望他的仆人能够优秀一些，而不是让他的仆人顺其自然。他想让他们超越平庸，追求卓越。其中有两个仆人做到了——他们使他的钱增值了，而那个愚蠢的仆人得过且过，没有任何作为。也许在我们的一生中，我们常常能够遇到很多这种态度的人。

在我们看完这个故事之后，我们应该如何对待我们的工作呢？我们是要让自己的生活甘于平庸，还是要让自己的生活兢兢业业呢？这都要看我们如何对待我们的工作。我们要认为自己的工作是最好的，把自己的工作当成自己最喜欢的并且乐在其中的使命来做，就能发掘自己特有的能力。其中最重要的是能保持一种积极的心态，即使是辛苦枯燥的工作，也能从中感受到价值，在你完成使命的同时，会发现成功之芽正在萌发。

职业是你成功的基石

职场中人，看清楚工作的本质是非常必要的。有人说："做自己喜欢做的事就会很快乐。"可你要知道，如果总是在做自己喜欢做的事，你也就很难突破了。别奢望在职场的每一天都会快乐，毕竟你是在谋生而不是在游玩。要是真的有那么多快乐，你的老板就不必付你薪水，还应该向你收取门票。

每个人都得面对许多不喜欢但又必须做的事：上班、加班、开会、应酬……可是那些内心拥有更多渴望的人，会以不一样的心情投入其中，而他们也很快能够发现：一旦投入，事情也就会变得越来越好。

"做必须做的事，投入其中，并试着去喜欢它。"这是职业化的所作所为，也是快乐生存的策略。

为此，哈佛大学曾经对《财富》前 100 强企业的 CEO 作了相关的调查研究，试图寻找使他们取得成功的原因。研究的结果令人惊讶:接受调查的700个人里,因为专业技能超群而获得成功的只占15%,而另外的85%则是因为他们的职业观念和工作态度获得成功。

哈佛大学紧接着就反省自己的教育体系,结果发现:人们通常花掉了80%的时间和精力去提升自己的专业技能,而对于观念态度的投入只有20%。换句话说,很多人没有使对劲,反而在"勤勤恳恳"地走向失败。这就难怪为什么成人教育机构那么多,而能获得职业成就的人却又那么少了。

另外,职业化态度之所以能够获得普遍认可,是因为越来越多的管理者发现,很多"团队白痴"虽然受过高等教育,可思维方式、待人处世和行为言谈却如同低能者,如果任其发展,迟早会让整个组织变成"白痴团队"的。因此,除了学历、证书、技能之外,职业化态度正在成为职业竞争力最为重要的部分,被越来越多的公司作为评判员工是否优秀的基本要素。

还有就是职业化是需要牺牲的,就像真正的职业运动员为了成就会约束自己一样。当他们内心还有更多渴望的时候,在"喜欢做"和"必须做"之间,就作出了自然而然的选择。

第二章 职业即是你的使命

人为什么要工作？工作的动机是为了什么？每个人都应该相信，工作是人与生俱来的一种责任，每个人都应将工作视为自己不可推卸的神圣天职。

职业与使命

微软前总裁比尔·盖茨说："职业是人的使命所在，没有职业就没有使命，我们看到那些在大街上流浪的人，他们就没有使命，作为人也就失去了意义。"

使命是比自己的生命还重要的东西。没了它，生命暗淡无光，脆弱无比。一个找到自己工作使命的人，必会是个坚忍不拔的人。在他们的大脑里始终充斥着强烈的服务意识，他们要服务于自己所在的公司，服务于他们的客户，服务于大众，服务于国家。一个找到自己工作使命的人，他们比以往任何时候都明白什么是追求、什么是生活以及应该怎样去开创自己的事业。在这种氛围中走出来的员工，他们更懂得怎样取悦于自己。在进入社会投入崭新的天地开始工作时，他们就有自己独到的见解，时刻告诫自己"千万不要为了钱而工作"，因为他们明白对工作的投入、从工作中获得满足感以及个人成长才是最重要的。不管你喜欢与否，使命感、满足感、个人成长，还有升职加薪等等，都是工作成果的收获，而不仅仅是准时上班下班就可以达到的，只有在我们施展所长的时候，才能够实现这些成果。

在我们的生活中，使命一词对我们的生活有着重要的意思，因为在韦伯斯特词典中，它被定义为"一个人受特定的召唤，注定要去承担的持续性的任务或责任。"在历史上，"召唤"和"天职"是"使命"的同义词。"召唤"和"天职"两个词，都意味着受某个人的召唤。也就是说，学生的使命是好好学习，为了以后更好的建设祖国；医生的使命是救死扶伤，尽量减少病人的痛苦；警察的使命是除暴安良，维护好社会的治安；老师的使命是蜡炬成灰，教育好祖国的花朵；科学家的使命是发展科技，引领时代的潮流；军人的使命就是保家卫国，守卫祖国的领土；工人的使命就是做好工作，搞好企业的生产。这就是说，一个人，无论从事什么样的职业，都必须认识到，我们是一个肩负使命的人。

总之，各行各业都有自己的使命，每个人都有自己的职业使命。不管我们从事什么领域的工作，都要树立自己的人生理念和工作态度，都要全心全意地投入其中。不要只是因为必须工作才拖着沉重的脚步去上班，我们应该抱着开创新局面的期待去工作。不要抱怨找不到自己喜欢的工作，应该专心于自己的这份工作，调整自己的想法，并且发挥创造力，规划出可行的策略，提高自己对工作的贡献。

另外，"使命"一词还意味着我们要为我们身上所肩负的使命负责。当我们走进一家公司的时候，我们就要把自己看做是所属公司里的一家小公司，将所属部门的成败视为己任，我们就是公司的上司，我们的所作所为都会有举足轻重的影响力。

对于使命，还有一种说法就是："使者所奉之命我们把它称之为使命，人所奉的使命就是职业，它是我们分内应做的事情。"这就是说，使命是一种促使人们采取行动、实现自我理想和信仰的心理状态，是决定人们行为取向和行为能力的最主要因素。富有使命感的员工，会全身心地投入在工作上，即使没有他人督促，也能出色地完成任务。工作有没有意义在于你有没有找到工作使命。今天你可以从一家公司跳到另一家公司，明天你又可以从另一家公司再跳到另一家公司。对工作你没投入自己的感情，你就很难找到自己的工作使命。

明基电通中国营销总部总经理曾文祺在广州大学城演讲时，谈到一个员工要成功，必须找到自己的工作使命。

2005年被国际物理学会命名为爱因斯坦年。爱因斯坦毕业的时候也找不到工作，后来在一个小专利局工作，1905年时发现了相对论，这时他才20岁。马克思17岁中学毕业写下了"选择一个对人类最大贡献的职业，这样我们的后人将会含着热泪面对我们的骨灰。"一个17岁的孩子竟想到了自己将变成骨灰，因此潜心利用有限的生命，最终写下《资本论》。所以，一个人要成功，就要找到自己对社会的贡献点。一个人要自己这样问自己：我这一辈子要做些什么，什么东西可以让我对这个社会有最大的贡献呢？一个人到这个世界上不应白白走一遭，而应该留下些自己的痕迹，应当找到自己的真正使命。

在国际企业战略网曾经有一个保洁员，他自从公司成立就一直在这里工作。他除了每天打扫办公室的卫生之外，还要负责打扫洗手间的工作。洗手间总是被他打扫得干干净净，他甚至花钱在洗手间放了一瓶高级香水，使每个员工进来都能闻到一股芳香的味道。为此，公司的员工对他的服务交口称赞，甚至对他的工作方式进行了讨论。有的员工劝他改家公司换换工作，但他却骄傲地说："我为什么要换工作呢？我的工作就是最好的，看到你们们对我的工作表示赞扬，这就是我最大的幸福了，我又何必换工作呢？而且，为你们服务好就是我的使命。"

所以说，人生的价值定位就是你要找到自己的使命！某些工作看起来不怎么高雅，就像这位员工一样，虽然他的工作环境差，工作辛苦，待遇又差，很难得到社会的承认，但我们不能轻视他的工作。我们要向他学习身上的使命。如果一个人没有使命，他的职业状态和品质将会出现巨大的落差。所以说，我们不要质疑，我们每个人来到这个世界上都是与众不同的，都是注定要完成一些特定的使命而后离开。

使命起始于工作

在企业界流传着这样一句话:"工作是一种天职"。在众多人士看来,大自然早已经对每样事情都作了安排,万物生灵都有了他们自己不同的归宿,蜜蜂要辛勤地采花酿蜜,蚂蚁要不停地筑巢采食,候鸟总是要南来北往地迁移,而看家狗则必须忠诚地看守主人的家门。

作为我们人来说,我们更要承担起自己肩负的责任和使命。人来到这个社会,小的时候是通过父母的辛苦劳动获得成长所需的物质,而长大成人之后,就必须通过自己的劳动而获得生存所需要的东西,而为了劳动你就必须承担起自己的天职,那就是工作。

工作是什么?简单地说,工作就是每天你所做的,是许多事件汇集成的集合,也是诸多环节连接而成的过程。它是一个关于整体和过程的名词,就这个层面来说,它是枯燥的,又是单薄的,但实际上,工作本身所包含的远不只这一点,它应当是每个人的天职,既是一种生活方式，又是一种价值存在，所以工作更准确地说是职业，它包含了人们对工作敬重的态度和人们对它的肯定评价。天职一词则意味着这是命运安排的责任，它对于人们而言，就好比宗教对于教徒，是神圣的，你不可以随意推卸，更不可以逃避。

如果通俗地讲，工作就是我们生存的第一要职，大家不妨想想看，如果我们不工作还能去干什么？如果我们不工作就没有饭吃，只有工作才能生存；如果我们不工作就会失去存在的价值，只有去工作才能实现自我价值，才能找到乐趣；如果我们不工作就会感到无聊，只有去工作才能保持自尊心。

所以说，一个人只有把自己的潜在能力转化成价值，自己才会有价值。而要做到这一点，你必须先付出，让社会或者说其他人先享受你所创造的价值，并努力使自己变得更有价值的时候，你的价值才会得到社会和他人的认可，才能得到你所期望的回报，从而促进事业的成功。

树立员工新主人翁意识

一个企业成功的最核心的东西是什么？那就是员工必须树立起新主人翁的意识，只有我们具备了这种意识，我们才能认识到我们的生命，一半是给工作的，一半是给生活的。我们缺乏对工作的激情，工作就会变成无休无止的苦役，这是一件非常可怕的事情。

那么，什么是主公翁意识？这决不是针对“领导精神”来说的，而是一个普遍的原则。就像张其金在企业管理中经常提到的，什么是主公翁意识？就是我们在工作中要像关心自己的事情一样去关心公司的发展，就像关心自己的事一样去关心自己的工作，把公司的事当成自己的事，并尽职尽责去完成，把公司的企业文化当成自己的一种修养文化，并把公司的理念和制度当成自己为人处事的行为指导，努力使自己有能力担当主人翁的责任。如果用一句话来概括就是，作为一个员工，一定要将公司的事与自身紧密联系起来，像对待自己的事一样去对待工作。

新主人翁意识是最能体现优秀工作者与普通工作者差异的一个方面，而一个优秀工作者是以一种新主人翁的意识来对待自己的工作的,从而使他们的工作也更加卓越。而这种新主人翁意识主要体现在以下几个方面。

第一个方面：他们在选择职业时总是把自己的人生目标联系起来的。

第二个方面：在工作中他们总是以一种高度的责任感去从事自己的工作。

第三个方面:他们总是在努力培养这样一种精神——对工作:勤奋;对公司:敬业;对老板:忠诚;对自己:自信;对社会:奉献。

第四个方面:他们为同事和集体做更多的努力。

第五个方面:他们能够坚持自己的想法或项目,并很好地完成它。

第六个方面:愿意承担一些个人风险来接受新任务。

第七个方面:他们总站在核心路线旁。在他们看来,这种核心路线是公司为获得收益和取得市场成功所必须做的直接的、重要的行动,工作人员首先必须踏上这条路线,然后才能为公司做出贡献。

第八个方面:他们在工作中不断用激情创造价值。

当然构成员工的主人翁意识应该是具备一种强烈的使命感的意识。一个人只有具备了使命感,他才能知道自己在做什么,以及这样做的意义,就是把自己与一个伟大的事业联系在一起,释放生命的激情。使命感是一种无论任务有多么困难,都要有一定要完成的坚定信念。具有强烈使命感的员工，无论什么时候都能最大限度地发挥自己的作用，担负起自己的责任。

长久以来，工作几乎主宰了人生所有的命题。人生存的目的，就是为了工作。一个人从出生到死亡，有一半以上到三分之二的时间都是在工作。

"工作是美德"几乎被所有的现代人奉为金科玉律。然而，令某些社会学家质疑的是：如果，工作的目的是为了让我们生活得更美好，那么，为什么大多数的人都过得这么不愉快，认为工作中受尽折磨，可见工作对于人生幸福的贡献，并不如我们所想像的那么大。

现代人对工作废寝忘食的程度，如果在古希腊人眼里，一定会啼笑皆非，他们可能弄不懂，为什么每个人抢着当下流人，自甘为"奴隶"。

数百，数千年来，工作的伦理盘踞在我们脑袋的时间超过一切，好不容易，现在人已从工作的束缚中慢慢解脱出来，但是，对于余暇社会的来临，却因为来不及准备好，而个个感到手足无措。工作的时候他们不快乐，不工作的时候他们也不见得高兴。看来，"如何乐在不工作"？恐怕是下一个世纪，人们另一道难解的问题。

工作支配着我们的生命。大部分的人一天工作 8 小时，假如再加上准备工作及通勤时间，我们一天用于与工作相关的活动时间远远超出 8 小时。自我们的祖先们以农立国以来，所强调的工作是勤勉、晨出暮归、鞠躬尽瘁等。所以，我们对工作的态度亦是严肃坚韧，视升迁与成功为标志，将自尊与赚钱的能力密切联系在一起。

今天，工作被认为是人们继续扩展自我价值的阵地，提供个人与他人建立关系的机会，是一种社会的指标，也是个人与广大社会融合的过程。也就是说，工作不仅提供了个人的生计，还提供了个人满足与喜悦的源泉，是建立了个人自我形象与意识的条件。当代人所追求的就是工作中的自我成就及自我实现的机会。

然而，太多的工作量，即使是你喜欢做的也会是一个压力源。有的人喜欢工作，觉得没有工作的生活简直太乏味了，因此，他们将整个人沉浸于工作中。他们无法从工作中自拔，离不开工作，他们就像一台高速运转的机器一样，完全无法使自己停下来。

如果你也有同感或相似的行为，恐怕你已经对工作着了魔，并犯了工作上瘾的毛病，换句话说，你已经变成了一位工作狂。

所以说如果你发觉自己还没有具备某些精神，那就尝试着去做吧！但如果由于某种原因你无法做到，那么请作出以下选择：坚持还是放弃。你只能两者择其一，现在就开始选择吧！如果你选择了坚持，那么你即将成为最优秀的员工；如果你选择了放弃，那么，你将会被你所在的企业淘汰。

树立你的职业使命感

在前面我们已经说过,使命乃使者所奉之命,职业就是人所奉的使命,是人分内应该做的事情。我们要反对任何职业歧视,每一种职业都应当是平等的,从高级办公楼走出来的白领,决不能轻视街道拐角摆摊卖报人的职业,或许后者有一天就会成为白领的顶头上司,两者只是分工不同,所处的阶段不同。

对我们个人而言,无论我们从事什么样的职业,也不论你是公司的领导管理层还是普通工人,千万不要看不起自己的职业。轻视自己的工作,无疑是给自己走向成功设了一道障碍,主动积极地工作将为你的职业发展赢得一个好的开端,作出一个很好的铺垫。你可以不喜欢你的公司,讨厌你的老板,但你在工作的时候一定要努力地去爱你的职业。

增强使命感不仅仅是企业领导的事情,因为企业的所有事情最终都要落实到每个员工身上。你不妨自问一下,你是不是认为使命感只与单位的领导有关,自己作为一个普通的员工,有没有使命感无所谓?如果这么想,那就大错特错了。使命感绝不只是领导者的专利,而是全体员工都应该拥有的。要充分意识到个人使命感对企业同样具有强大的激励作用,你来到这个团队,就要承担起发挥这种激励作用的责任,不能回避,而要不辱使命。

我们看看世界上那些最敬业的人,他们为自己的工作,总是带着高度的责任感去做自己喜欢的事,即使是最为辛苦的事,他们也能去克服,他们无论是工作在非洲的原始森林、南美洲的崇山峻岭,还是中国最为封闭的贵州、广西大山里,他们都在兢兢业业的奋斗着。还有一些把职业使命看得比自己生命还重要的人,他们前往几乎与世隔绝的穷乡僻壤,还在茹毛饮血的土著部落、卫生条件极其恶劣的瘟疫流行地区,他们一辈子都在那里工作,甚至老死在那里,他们都不图名不图利,过着极其艰苦的物质生活,他们这样做,仅仅是为了自己的神圣使命,而完全忘我地工作,直至离开人世的那一天。所以说,人们应该记住他们,他们是整个人类的职业表率,当自己的职业遇到困惑的时候,每个人都应该多想想他们。

另外,从使命感来看,使命感是一种促使人们采取行动。实现自我理想和信仰的心理状态,是决定人们行为取向和行为能力的关键因素。富有使命感的员工,一心牵挂在工作上,没有他人的督促,也能出色地完成任务。最光荣的工作是在秘而不宣无人知晓的情况下完成的,那些不使自己的行为和工作成果在他人面前像发广告一样宣传的人才是真正将工作当做使命的员工,他们只追求内心完成使命的欣慰和满足。

赵东在世纪年华已经工作快 3 年了，他刚大学毕业进入这家公司的时候，那会儿他是信心满怀，但现在那份信心早已归隐。在这快 3 年的工作时间里，他都是日复一日地重复着同一种工作，他感觉越来越单调，越来越琐碎，脑子总是空荡荡的一片。

有时候赵东也在想：到底是我的工作出了问题呢？还是我的使命感很模糊？问题已经出现了，究竟是哪方面的原因呢？

后来，赵东跟一个很要好的同事聊起了这件事情，这位已经工作了五年的老员工对赵东说："你是不是认为使命感只与单位或者与领导有关？自己作为一个普通的员工，而且是一个新员工，有没有使命感无所谓？如果你这么想，那就大错特错了。使命感绝不只是领导者的专利，而是我们全体员工都应该拥有的。要充分意识到个人使命感对企业同样具有强大的激励作用，你来到这个团队，就要承担起发挥这种激励作用的责任，不能回避，即便想回避，也回避不了。正确的做法是，要不辱使命。"

老员工的这段话说得很精彩，也很有内涵，他让我们认识到使命就意味着自我牺牲和忘我奋斗；意味着尽职尽责、决不张扬；意味着一个有工作使命感的员工，才算得上是一名真正合格的员工。

一个人，只要在工作中树立起强烈的使命感，将工作本身看成一种神圣的使命，就会极大地调动个人的积极性，驱使自己自动自发地干好每一项本职工作。在工作中树立起使命感，我们就自然就会活得充实，坚持不懈下去，就能发现自己每天都在进步，每天都会感到快乐。

所以说,一个人只要心中有属于自己的职业使命,他在工作中就会非常的投入,他就会在自己的工作岗位上兢兢业业,当换到另外新的岗位上,还会同样地敬业,最终把敬业当成一种习惯。

认同你所在企业的使命

公司的使命对外传达出一种责任。一个企业如果从管理层到普通员工都能形成这样的使命感，那么这个企业最终一定会有大的发展。

那么,什么是公司使命呢?所谓公司的使命就是企业的目标。没有使命感的企业很难长久存在。每个企业都有自己的使命。企业的使命一般具有三个特点:第一是长期性,因为使命必须指出这个企业未来的经营方针和远景。使命是不可以朝令暮改的,它是相对稳定的、长久的、持续的;第二是指导性,这个使命应该是强调企业引以为荣的重要政策;还有就是激励性,使命描述完成后,它要能使全体员工感到这个工作的重要性，让员工在企业工作的时候会对企业的使命有所认同，愿意参与到企业的使命中来，并肩负使命所赋予的责任。我们先看一看一些著名公司的企业使命：

索尼：改变生活状况，引入新的娱乐方式，提供新时代的技术和数字概念，与国内产业携手合作，通过承诺优质服务接近与客户间的关系。

松下：我们的使命是制造像自来水一样丰富的物美价廉的产品。我们以此摆脱贫困，给人们的生活带来幸福，使世界变得更加美好。

宝洁：提供名优产品，真正改变客户的日常活动。

海尔集团：敬业报国，追求卓越。

万向集团：为顾客创造价值，为股东创造价值，为员工创造前途，为社会创造繁荣。

蒙牛乳业：强乳兴农，愿每一个中国人身心健康。

当然，使命并不仅仅是企业的事情，企业的所有事情最终都落实到每个员工身上。为什么日本的许多企业实行"终身雇佣"制度？因为这些享受"终身雇佣"制度的员工，想的不仅是这个工作可以拿多少钱或者在这个工作岗位可以得到什么利益。他们身上都有双重的使命感：首先是对社会具有使命感，例如，参与研究新药的员工，为的是找到对人类有益的药品。对他们而言，职称和薪资并不是最重要的，他们希望能为心中的使命工作。同时，他们身上还有一种对公司使命的认同。这种认同最终表现在他们的工作中，公司的使命也通过他们的工作去实现。以微软公司的使命为例，微软公司用了非常短的一句话来描述他们的使命："在微软，我们的使命是创造优秀的软件，不仅使人们的工作更有效益，而且使人们的生活更有乐趣。”

我们来看看下面这个例子：

一家意大利公司在日本订购了一批价格昂贵的玻璃杯，为此意大利公司专门派了一位工作人员来监督生产。来到日本以后他发现，这家玻璃厂的技术水平和生产质量都是世界一流的，生产的产品几乎完美无缺，他很满意，就没有刻意去挑剔什么，因为日方自己的要求比意方还要严格。

有一天午饭后，意方的工作人员无意识地来到了生产车间，他发现了一个现象，就是工人们正从生产线上挑出一部分杯子放在旁边。他上去仔细看了一下，没有发现两种杯子有什么差别，就奇怪地问：“挑出来的杯子是干什么用的？”

日方的员工一边工作一边回答道：“那是不合格的次品。”

“可是我并没有发现这些杯子和其他杯子有什么不同呀？”意方人员不解地问。

“你自己过来看看，这里多了一个很小的气泡。”日方人员指着杯子说，“这说明杯子在吹制的过程中漏进了空气。”

“可是那并不影响使用啊？”

日方的员工放下杯子，很自然地回答说：“我们既然工作，就一定要把这些杯子做到最好。”这位员工说到这里的时候，提高嗓音说，“在我们公司，我们的公司使命就是为每一位顾客提供最优质的产品。正因为这样，在我们生产的产品中，任何的缺点，哪怕是客户看不出来的，对于我们来说，也是不允许的。”

“那么，这些次品一般值多少钱，你们会卖多少呢？”

“这些次品应该低于成本价吧，也就是5美分左右吧。”

当天晚上，这位意方人员就给总部写信汇报道：“完全合乎我们的检验和使用标准，价值3美元的次品，却被在无人监督的情况下用严格的标准挑选出来，只卖5美分，这样的员工堪称典范，这样的企业又有什么理由不可以信任呢？我建议公司马上与该企业签订长期的供销合同，我也没有必要在这里了。”

由此可以看出，如果一家企业的使命能够真正地灌输到员工身上，那么他的员工就会把任何事都做到完美无缺。身上没有企业使命的员工是无法给顾客提供高质量的服务，就难以生产出高质量的产品。当员工将企业使命与自己的工作结合起来时，就会变成一种习惯，就能从中学到更多的知识，积累更多的经验，就能从全身心投入工作的过程中找到快乐。这种习惯或许不会有立竿见影的效果，但可以肯定的是，当一家企业没有自己的使命时，它的员工将会在工作上投机取巧，就会给公司带来经济损失，甚至毁灭这家企业。

总之，在企业里，员工往往非常在意工作意义、认同感和归属感，他们所需的工作回报常常超越薪金、安全以及机会，他们真正的渴望是一种“使命感”。当员工认同企业的使命时，就会把企业的使命当成自己的使命，当成自己工作努力的方向，把个人追求融入企业的长远发展中，实现和谐共赢。

有使命就有获取

将工作本身看成一种神圣的使命能极大地调动人的积极性，员工对企业的责任感会随着他完成使命的行动而越来越大。如果一个员工没有工作使命，他就会被动从事自己的工作，就不会积极、主动地去研究、变革所处的环境，就不会尽力做出一些有意义的至关重要的贡献，就不会从工作中汲取再一次走向成功的力量。

一个人有了自己的职业使命，他就会对自己所选择的职业充满热情。苏格兰哲学家《论英雄和英雄崇拜》的作者卡莱尔感叹："祝福那些找到自己心爱工作的人，他们已无须祈求得到别的幸福了。"

所以说，从我们的行为取向中，我们同样能够发现自己的内心赋予我们的使命是什么。如果我们在发现了我们的使命之后，能够用文字写下来，对于人们把注意力集中在特定的事业之上有很大的帮助，但是行动却可以让人觉得自己的使命更为清晰、更为具体。行动会有轻重缓急之分，从行动的轻重缓急我们可以感觉到深藏于敬业者内心的那种强烈冲动，不仅要取得成功，而且要取得巨大的成功，并且还要不断地提高自己的能力和才干。富有使命感的敬业者与普通人的差异就在于他们相信，人是被赋予一定使命和职责的。他们的方法说起来非常简单，就是要为自己的使命做出努力和承诺。

倪楠是一家房地产公司的电脑打字员，她总是埋头忙于打不完的材料，她知道，工作认真刻苦或许是她惟一可以和别人一争长短的资本。

一年后，房地产市场突现大滑坡，老板在一项工程上投入20000万元被套死，资金运作困难重重，员工的工资开始告急，许多职员纷纷跳槽。到最后，公司总经理办公室的人员就只剩下倪楠一个人了。她工作量陡然加重，除了打字，她还要接听电话、为老板整理文件等。对此，她并无怨言，还为公司出谋划策。

有一天，倪楠对老板说："老板，我们公司并没有垮掉，我们用不着这样消沉。在北京，我们公司不是还有一个公寓项目吗？只要好好做，这个项目就可以使公司重整旗鼓了。"

倪楠说完，拿出关于北京公寓项目的策划文案。老板埋头看了好一会儿，然后抬起头，满脸惊讶地说："你的建议太好了！"

几天后，老板派倪楠到北京去搞那个项目。两个月以后，那片位置并不算好的公寓全部先期售出。她带着5000万元的现金支票回到了公司。

公司终于有了起色。4年后，倪楠成了公司的副总，帮着老板做成了好几个大项目。

后来公司改为股份制公司，老板当了董事长，倪楠则成了新公司的总经理。

从倪楠的成功来看，战胜挑战、完成使命的经历，可以使人的个性特长进一步得到加强，比如领导能力、合作能力、沟通技巧、逻辑思维能力、赞扬他人以及学习能力等。敬业者都有一个相同的理想：投身于社会，为个人、企业和国家做出应有的贡献。使命具有两方面的内容，在进行自我实现的同时，促成其他人、组织目的的实现。所以敬业者的生活也具有双重性，既要获得个人事业的成功，又要拥有对于成功团队、昌盛国家的归属感和自豪感。

富兰克林从一个印刷厂的学徒工成为一个州议员、政治家、科学家，进而成为美国开国元勋的人生历程，除了用富兰克林本身具有的强烈的使命感解释以外，别无其他解释。正是他领悟和实践着他神圣的使命感，才使他从不停止对工作的勤奋、对知识的渴求、对公共事务的热衷、对人类政治正义的不懈追求，是事业上的强烈使命感，成就了富兰克林。

具有使命感的人，不但具有钢铁一般的意志，更是一个实干家。他富有极强的探索精神，勇于真心投入。他不是被动地等待着新的使命的来临，而是积极主动地去寻找目标和任务；他不是被动地去适应新使命的要求，而是主动地去研究、变革所处的环境，尽力做出一些有意义的至关重要的贡献，并从中汲取再一次走向成功的力量。

全心全意、尽职尽责是不够的，人除了做好自己分内的工作外，还应该多做一点分外的工作，比别人期待更多一点，如此可以吸引更多的注意，给自我的提升创造更多的机会。率先主动是一种极珍贵、备受看重的素养，它能使人变得更加敏捷、更加积极。对于一个有使命感的员工而言，公司的组织结构如何，谁该为此问题负责，谁应该具体完成这一任务，都不是最重要的，在他心目中惟一的想法就是如何完成心中的使命。

使命让你与公司双赢

对公司每个员工来说，与公司共命运永远都是你的神圣使命与职责。这个世界并不缺少卓尔不群的人，而是缺少自始至终都与公司同舟共济、能与公司同呼吸共命运的人。然而，有很多员工没有把公司发展当成己任。一旦公司出现危机，这些人心里永远只有自己的利益，他们会以最快的速度跳下这艘漏水的船，而不会想着如何去抢救和保护它。这样的人也许能够谋取一份可以生存的工作，但永远也难以在一生中取得大的成就。

在成功的企业里，大部分员工能够找到自己与企业的共同利益所在，他们能够与企业共同生死共命运，即使企业遇上困难，他们也不会轻易离开。

1999处底，几乎是在互联网最后的热浪时期，李彦宏抱着复杂的心情，从美国硅谷回国创业，他决定要做中文搜索引擎。“众里寻他千百度，蓦然回首，那人却在灯火阑珊处。”辛弃疾的这首著名诗词给了他某种灵感，他挑取“百度”来作为自己初创的网络搜索引擎公司的名字。

5年多过去了，2005年8月5日，百度公司股票在美国纳斯达克正式上市发行，发行价27美元，开盘价是66美元。之后一路狂飙，到交易首日收盘时，百度股价定格为122.5美元，市值达到39.58亿美元，股价涨幅达到了疯狂的353.85%！创造了美国股市213年以来外国公司首日涨幅的最高记录，并成为美国历史上上市当日收益最多的十大股票之一。

“不鸣则已，一鸣惊人。”6年的苦苦追寻与坚持，李彦宏成功了，他和百度以近乎完美和疯狂的形式向世人再次彰显了新经济的魅力。百度上市，公司瞬间造就了8个亿万富翁，51个千万富翁，240个百万富翁。而此时，百度员工的平均年龄只有23岁。

这是一个水涨船高的传奇，当初应聘百度的员工一定没有想到6年后的梦幻财富，他们默默地尽职尽责地工作，同李彦宏和公司一起度过了创业艰难、互联网低潮和坚韧打拼阶段，以自己的能力和表现获得公司的期权，与公司结成牢牢的利益共同体。结果，他们与公司一起收获了巨大的成功。

与公司共命运，不要在公司困难时做一名逃兵，否则，在历经艰辛后分享果实的盛宴上，将不会有你的身影。

过去那种在体制内惟命是从、毕恭毕敬就能讨得领导欢心的时代已经过去了。那些能力平庸、没有业绩的员工再怎么曲意奉承也很难换取老板的赏认了。

大部分公司都有自己的企业目标，但描述这些目标的辞藻有些是华丽的、矫情的甚至非常空洞的，实际上企业最核心的目标就是一个——创造利润。

不管是在老板心目中，还是在员工的眼中，不能为公司创造利润，就谈不上一个好员工。从这个意义上来说，只有能为公司赚取最大利润的员工才是最好的员工。作为一个员工，头脑中应有一个简单却至关重要的概念，那就是尽最大努力帮助公司赚钱。

在市场竞争愈发激烈的今天，每一个公司比任何时候都需要与公司共命运的人，都需要能够为公司赚钱的人。只有公司的全体员工都能够齐心协力、同舟共济，公司的事业才会蒸蒸日上，这样的公司才能在竞争中永远立于不败之地。

作为公司中的员工，如果他们能够把公司看成是一只船，并且能够沿着一个方向前进，那么，公司的发展就会很快。作为员工来说，他们一定要认识到，既然登上了公司这条船，你就是船上的一员。公司是每个人的船，所以你要对它负责，你要与这艘船共命运，你要与这艘船上的每个人共命运。所有属于你的事，你都要自己来决定，你必须对自己的行为负责。

不管你是机修工，还是推销员；不管你是会计，还是出纳；也不管你是技术开发人员，还是部门经理；哪怕你仅仅是一名仓库保管员，或者是内部的清洁工，这些都无关紧要，最重要的是你在公司这条船上，你必须和公司共命运。

与公司共命运是员工的使命，公司发展你才能发展；只有公司赢利了，你的工资收入才能有所提高；只有公司发展扩大了，你的才能才有更大的发展空间，你的事业才有更多成功的机会。公司与你的关系就是“一荣俱荣，一损俱损”。

任何时候都要肩负你的使命

与公司一起成长是员工的最高使命和追求，也是知识经济时代企业发展的必然要求。与公司一起成长，参与公司的奋斗过程，这样的员工更容易取得成功。而且，这样的员工也是企业最看重、最需要的。

一家公司要裁员，裁员名单里有内勤部办公室的李灿和杨燕，规定一个月之后离岗。那天，同事看她俩都小心翼翼，更不敢和她们多说一句话。她俩的眼圈都红红的，这种事摆在谁身上都难以接受。

第二天一上班，李灿就情绪激动地拿杯子、文件夹、抽屉撒气。谁跟她说话都"铳铳"的，像灌了一肚子的火药。自然，办公室订盒饭、传送文件、收发信件，原来属于李灿做的，现在都无人过问，而且她还经常迟到、早退。在工作中，得过且过，她想反正就要离开公司了，干得好不好都是一个样。

而杨燕呢，裁员名单公布后，哭了一晚上，第二天上班也无精打采。可打开电脑，拉开键盘，她就和以往一样地干开了。杨燕见大家不好意思再吩咐她做什么，便特地跟大家打招呼，主动揽活。她说："是福跑不了，是祸躲不了，反正这样了，不如干好最后一个月，以后想干恐怕都没有机会了。"杨燕心里渐渐平静了，仍然勤劳地打字复印，随叫随到，坚守在她的岗位上。

一个月满，李灿如期下岗，而杨燕却从裁员名单中被删除，留了下来。主任当众传达了老总的话：

"杨燕的岗位，谁也无可替代，杨燕这样敬业的员工，公司永远不会嫌多了！"

李灿自从裁员名单公布以后，便以消极、散漫的态度应付工作，这是缺乏热情和敬业精神的表现。而杨燕仍然对工作无怨无悔，兢兢业业地做好自己的工作，这种敬业精神赢得了企业的信赖，所以，她被留了下来。

众所周知，微软公司使数以万计的雇员成了百万富翁。可是，鲜为人知的是，他们中许多人在取得了经济自由之后，却仍继续留在微软工作。在某些人看来(那种"我若中了六合彩，首先就向老板辞职"之人)，这些百万富翁，大概是发了神经。的确，大多数人认为，发财就等于取得了辞职的资格证书。但是，事实证明，微软公司的百万富翁们并不那样认为。

如果你知道了微软公司的工作条件并非舒适安逸，你就会觉得雇员的这种献身精神难能可贵。在这里，一周工作60个小时是常事。在主要产品推出的前几周，每周的工作时数还会过百。微软公司也并非以其高额津贴出名，相反，它却以“吝啬”著称。据该公司的一位前任副总裁透露，多年以来，董事长比尔·盖茨因公出差时，总是自己开车去机场，而且坐的是二等舱。

那么，是什么神奇的吸引力，竟使这帮百万富翁不是因为自己经济的需要而如此卖命地工作呢？答案只有一个，那就是工作使命！

微软的使命是：“在微软，我们的使命是创造优秀的软件，不仅使人们的工作更有效率，而且使人们的生活更有乐趣”。

可以说，每个员工都在为微软和自己的使命而工作。

对于企业员工来说，也要做到为使命而工作，如果将“赚钱”作为惟一的工作目标，那么，在我们的工作中就很难有快乐而言，而且也难以获得成功。

将使命进行到底

对我们来说，工作中每一个挑战都是庄严的，一个人会不会有伟大的成就，就看他工作时的精神是否饱满，态度是否庄严，是否有一种不达目的不罢休的使命感。

南丁格尔是世界医学护理史上一个不朽的名字。在她25岁那年，她决心要当一名护士，结果遭到家人的反对，因为在当时"人们把护士看成已经丧失品格的女人，因而认为最好由那些甚至有了孩子的女人去干。"但南丁格尔为了把自己献身于医学的护理上，她毅然决定要当一名护士，她认为做一名护士是她为此值得全力以赴去工作的伟大事业，对她来说，这是她最伟大的选择，她为此写道："在我的字典里没有失望、退缩这样的词汇。"

就这样，南丁格尔在周围的一片反对声中，在她31岁那年，她进入了德国凯撒斯劳滕护士学校，迈出了当护士的第一步，两年后，她的护士生涯开始了。从此，她把一生奉献给护士这一天职，为了自己所坚守的事业，她一生没有结婚，一直过着独身生活。

由此可以看出，南丁格尔为了自己的理想，为了自己的人生使命，毅然决然地选择了在她看来的伟大事业，她的精神和执著确实值得我们学习。她说："我觉得对女性来说，这是最好的一个时代。关键是我们自己能否将一种追求坚持到底。"

多么催人奋进的话呀！南丁格尔的生命路线是一道不断超越世俗、超越自身的人生风景线，对理想的不懈追求，让她将一个平凡的职业升华为人类的"天使"，并将自己从世俗的看法中彻底地解放出来，使自己从按部就班的贵族生活中走向波澜壮阔的历史前沿，她以坚定的使命感和执著的精神，为自己的人生价值开辟了广阔的社会空间和历史空间。

南丁格尔为什么能有如此强烈的使命感？因为在她看来，真正的大人物是那种成就了不平凡的事业却仍然像平凡人一样生活着的人。她们从来都是虚怀若谷的，他们不会觉得自己有所成就而盛气凌人，他们从来不会见人就喋喋不休地诉说自己是如何成功和选择自己的人生方向的，他们认为一个有内涵、有实力的人也不一定永远站在最高峰。只有忘记曾经的成功、曾经的辉煌，正视现实，这样的人才会获得掌声和鲜花。所以南丁格尔经常认为自己只是一个普通的护士。然而，现在在我们看来，南丁格尔并没有作为一个普通护士走完自己的一生，她的所作所为完全可以被视为人类精神的一次大变革，可敬的是，这种变革居然就是由这样一位女性完成，因此，她的名字则因这种变革的实现而成为永恒。

为此，一位日本的传记作家写道："百年前和现在，人的心胸没有取得什么进步，而南丁格尔却超越了这一点，获得了进步，她才是能把自己所确立的使命贯彻始终的人。”

所以说，能将使命贯彻始终，就能帮助我们将成功进行到底。尽管在我们的人生旅途上沼泽遍布，荆棘丛生，但我们还是能克服一切困难，不断向成功的巅峰迈进；尽管我们前行的步履总是沉重、蹒跚，甚至需要在黑暗中摸索很长时间，才能找寻到光明，但我们还是能够以勇敢者的气魄，坚定而自律地对自己说一声“只要我具备永不言败、永不放弃的精神，我就能够将成功进行到底！”

第三章　如何选择职业

工作是我们赖以生存与发展的基础，当我们努力地工作，并认识到工作就是为自己的人生而奋斗，那么，我们已经得到了最幸福、快乐的人生。

生命的价值在于职业

生命是一个人在世界上的载体，没有生命，人无法生活在这个充满鸟语花香的精彩世界上。人的生命是人存在和成长的根基，是人能与天地万物一起蓬勃发展的条件，所以非常可贵，我们只有倍加珍惜和爱护才能对得起赐予我们生命的父母以及万事万物的造物主。

我们被赐予鲜活生动的生命，同时也赐予与生命相随相伴的义务和职责。也就是因为我们有了这些义务和责任，才使我们看到，在公司中，员工承担着巨大的有形或者无形的压力。同事之间的竞争、工作方面的要求，以及一些日常生活的琐事，无时无刻不在禁锢着他们的心灵。于是在种种的压力、种种的禁锢之后，无精打采、垂头丧气和漠不关心扼杀了他们心中美好的对事业的追求和热忱。从热爱工作到应付工作再到逃避工作，他们的职业生涯遭到了毁灭性的打击。

事实上，我们的生命，就像是一个火柴盒，里面含有许多火柴。每当我们点燃一根，虽然盒子里减少了一根，但也发出了光和热。善用火柴的人，能点燃起一片灿烂的烛光、一堆熊熊的营火；不善用火柴的人，盲目或过早地划了火柴，结果却举措失当，白白浪费。而那些最不懂得利用的人，则使火柴浸湿、损耗，点不出一丝火星。生命中的职业就是让火柴盒里的火柴能够运用自己潜质、燃烧起熊熊大火的功能和形式，生命因职业而具有意义。如果人尽不到职业责任，就等于使火柴没有点燃起熊熊大火。一个具有生命的物体，只有孜孜不倦地尽自己的天职，才能使生命真正富有意义，才能使生命变得有力和崇高。

近年来，总有人请我去作演讲。在台上时，我可以看出台下的几百名听众中，哪些人是在专心听讲，哪些人心不在焉。当然，那些偷阅书报的人就更不用提了。我上大学的时候，也曾因为偷看书报而被教师发现斥责，我当时就总也不明白，掩饰得这么好，老师是怎样发现的呢？现在我真正明白了。如果我们总是掩耳盗铃、弄虚作假、遇到压力就跑掉、遇到困难就退缩的话，我们就不会有好的发展，我们就会在竞争中被淘汰，这就是残酷的现实给我们的回报。

同样的道理，在我们的工作中，无论我们怎样掩饰自己，我们懒散的动作总是会被自己的上司所发现。在很多时候，我们的上司表面上好像并不注意员工的言行，实际上他们每时每刻都在密切观察着下属的动向。人们总是想得到成功的“窍门”，以便事半功倍，但很多人又总是误解了“窍门”的真正含义。真正的“窍门”并不是那种表面的花哨工作，而是像鸭子滑水般，默默地努力，看上去缓慢，实际上处理起事情来快捷高效。在不慌不忙中一切都料理得当，这样的人才是真正懂得“窍门”的人。

“天助自救者”这是一条屡试不爽的格言，它被漫长的人类历史进程中无数人的经验所证实。自立精神是个人发展与进步的动力和根源，它体现在众多的生活领域，是国家之所以形成的根源。从效果上看，外在的帮助只会使受助者走向衰弱，而自强自立则会使自救者兴旺发达。从我们做人的角度来看，只有忠诚于自我，对自己的未来负责，我们才能在工作中找到属于自己的使命感和责任感。

这就是说，职业是人的使命所在。一个人，无论你从事什么职业，都必须认识到，你是一个肩负使命的人。使命感是一个人成为优秀职业人的最重要的条件，如果你在自己的职业生涯中缺乏使命感，即使给你极为优越的从业条件，你也不可能做好你的工作。

由此可以看出，世间有生命的万物，都被赋予了各自的生命职责和人生使命。从田野里的草丛，到天空中的雄鹰，自然万物之所以会有丰富绚丽的色彩和美妙绝伦的秩序，就是因为这些事物总在按照各自生命的规律而存在。以小草为例，它为了在所在的地方自然生长，草就必须竭尽全力，从它伸到最远的毛根末梢汲取营养。它并不徒然妄想，指望成为一棵橡树，它只是尽自己的生命本分。于是，大地就得到了一方可爱的绿色地毯。同样，在人类社会中，诸事有序，风调雨顺，也正是由于人们天天都在履行自己琐碎的职责，都在力图使自己的生命更加充实和富有意义。

富有职业使命感的员工,他们把自己所有的精力放在工作上,没有他人的督促也能出色地完成任务。最光荣的工作是在秘而不宣无人知晓的情况下完成的,那些不将自己的行为和工作成果在他人面前像发广告一样宣传的人,是真正将工作当做使命的员工,他们的内心充满完成使命后的欣慰和满足。

写到这里,我不禁想起了一个命题:是什么东西使我们的生命富有了价值?答案是:生命的价值在于职业。一个人只要建立起了自己的职业使命,就意味着自我牺牲和忘我奋斗,意味着尽职尽责、不肆张扬。

工作的目的是什么

我们只有努力地工作,才能在工作中体现出人生的价值。工作是我们赖以生存和发展的基础,如果我们不去工作,就无法保证我们最基本的生活所需;如果我们不去工作,就没有幸福可言;如果我们不去工作，就享受不到生活的乐趣；如果我们不去工作，就无法获得成功，就达不到自我实现的境界。写到这里，我想大家都知道我所要表达的意思了。一句话说就是：只有为自己工作，我们才能认识到职业本身就是一种信仰，才能在工作中树立起我们的职业信仰。

当然，你也可以认为我这样说有点太武断了，但是，在我们的工作中，我们一定要认识到我们是在为公司、为老板、为同事、为亲人、为朋友而工作；甚至你也可以说是在为祖国、为人民、为全人类工作；你还可以说是在为面包、为财富、为健康、为幸福、为快乐、为成功、为地位、为荣誉、为金钱工作；你还可以说，你是在为自我实现工作，但终归到一起，不管你是多么的努力，多么的勤奋，还是多么的懒散，在你身上所体现出的一切都是在为你自己工作。

在很多公司中，许多员工总是表现出让人难以想像的自私。他们认为，公司的一切与他们无关，他们只关心自己的薪水、红利。假设你自己是上司，试想一想自己喜欢雇用哪种员工呢？当你自己正考虑一项困难的决策，或者正在思考着如何避免一份讨厌的差事时反问自己：如果这是我自己的公司，我会如何处理？如果我是上司，我对自己今天所做的工作完全满意吗？别人对你的看法也许并不重要，真正重要的是你对自己的看法。回顾一天的工作，扪心自问一下："我是否付出了全部精力和智力？"当自己所采取的行动与自己身为员工时所做的完全相同的话，薪水和红利又从何谈起。

几天前，我看到一个人生哲理小故事，我现在把它写出来与大家共同分享。

这个故事讲的是一个人死后，在去阎罗殿的路上，看见一所豪华的宫殿，宫殿的主人热情地邀请他进去参观并留他在那里居住。

这个人说："我在人世间辛苦地忙碌了一辈子，再也不想工作了，我现在只想吃和睡。"

宫殿主人答道："如果是这样，那么世界上再也没有什么地方比这里更适合你居住了。我这里应有尽有，你想吃什么就吃什么，不会有人来干预你。我这里有也有舒适的床铺，你想睡多久就睡多久，不会有人来打扰你，而且我还可以向你保证不让你做任何事情。"

于是，这个人就住了下来。

刚开始的那些日子，这个人吃了睡、睡了吃，感到非常快乐。但时间不长，他开始觉得有点寂寞和空虚，就径直去见宫殿主人，抱怨道："这种成天吃了就睡，睡了又吃的日子过久了也挺没有意思，我对这种生活已经提不起一点兴趣了。你能否给我一份工作让我做做？"

宫殿的主人答道："很抱歉，我这里从来就不曾有过工作，也不用工作。"

又过了几个月，这个人实在忍无可忍了，又去见宫殿的主人，并且对他说："这种日子我实在无法忍受，如果你不给我安排工作，我宁愿去下地狱，也不想再在这里居住了。"

宫殿的主人轻蔑地笑了笑说："你以为这里是天堂吗？这里就是地狱啊！你还想上天堂吗？"

这个人听宫殿的主人如此说，张大嘴巴半天也说不出话来。

所以说，只要我们勤奋工作，并认识到工作就是在为自己奋斗，那么，我们就能感受到工作的伟大。

掌握好选择职业的关键

我们一向认为，职业就是一份工作，其实，这个理解虽然不能说错误，但却会影响你对自己的人生规划。其实，职业的范围，包括一生所有的角色。在每个年龄和生命阶段，我们都因自己的身份、责任不同，而全心全意投入自己当时角色的扮演。孔子说："吾十有五而志于学"。这就是说，我们在十几岁的时候，我们的角色是学校里的学生。"三十而立"，到了30岁的时候，我们的角色就发生了转换，也因此成为了上班族、成家立业者，甚至为人父母。

我们可以看出，人的一生，扮演着不同的角色，从孩童、学生、上班族到为人夫、为人妻、为人父母，只有全身心的投入自己所处时间段的不同角色，让生命所处的每一段时光都放射出耀眼的光彩，这样才能让人生变得更加多姿多彩。

当然，这是我们从人生历程来看的，如果从职业生涯来看，我们就会发现，人的一生，根本而言就在于他在职业生涯方面的成功和成就。社会学家迈克·法兰德指出："职业生涯是指一个人根据个人使命和理想所形成的长期目标，包括一系列工作选择，以及相关的教育和训练活动，是职业发展的全部历程。"同时我也要指出：职业生涯也是个人一生职业、社会与人际关系的总称，即个人终生发展的历程。

由此可以看出，每个人都有自己独特和惟一的解法，但无论怎样，成长、探索、建立、维持、衰退，是自然界的规律，就像一年四季的变化一样。大家可以好好思考一下，如何设计自己一生的职业发展，这也就是我们今天所要思考的问题。

尤其是我们在选定了职业后，就要为达到职业目标制定战略。如果我们策划一个职业生涯发展的方案，它将对我们领悟和完成职业目标大有帮助。因为目标的意义不仅仅是目标本身，它更是我们行动的依据。爱默生说过："一心向着自己目标前进的人，整个世界都会为他让路。"

一个员工，在有了自己的目标之后，还要有一个完整的职业生涯方案。因为职业生涯策划方案是在分析了我们的技能、兴趣和职业可能性后的一步。我们的职业生涯策划方案取决于我们自身所具备的技能和对工作的兴趣。同时还有就是帮助我们认识到什么职业能够适合我们的才能，我们需要什么样的技能和训练来符合自己所选择的职业的要求。

我们要考虑需要什么技能和经验，通过学校、志愿服务、工作或通过一些其他经历来培养。例如一个在校大学生，他就要把在学校的活动列一个单子，包括如何参加的俱乐部和其他组织，还要列出自己曾经做过的各项志愿服务工作，可以是为社会、他人服务的，也可以是为其他组织服务的。

还有就是要调查各种类型的职业者，例如管理者、专业人员、服务人员、销售人员等等，只有这样，我们才可以收集足够的关于目标职业的信息，之后才可以发现自己的能力与职业需要之间的差距和关系。

在我们的职业生涯中，我们要认识到第一要紧的事就是要有目标，有了目标，工作中就会充满机会，有了目标，才能为自己的努力指明方向。

我们周围有许多人，他们整天辛勤地工作，从不偷赖，但一生只能养家糊口，没有较大的发展。他们因为兢兢业业看起来很让人敬佩，但等他们老了，却感到自己的一生过得并不精彩，这就是他们缺少职业生涯规划的原因所造成的。相比那些对自己有职业生涯规划的人，他们给人的感觉就是他们并不比其他人勤奋却取得了比他人更大的成就，过上比他人更好的生活。正是他们的成功，才使我们明白了一个秘诀：所有在职业生涯中取得成功的人，他们做事都有明确的目标。他们知道成功离不开明确的目标。在现代职场，一个具有目标的人，毫无疑问会比一个没有目标的人更有作为。职场中有职业规划的人，虽然目标不能完全实现，但成功的概率要远远大于那些没有人生目标的人。正是我们明白了这个秘诀，我们才能更好地回答：自己付出的努力绝不比别人少，几乎没有放过任何能够工作的时候，别人的工作时间也不可能比我们长，那么别人是怎样取得巨大成就、过上好生活的呢？

所以说，在我们的职业生涯中，有使命感且事业有成的人都有三个共同的特点：一是他们把自己的职业看成了生命的展现，并且有了完整的规划；二是他们在职业规划中有明确的事业目标；三是他们通过自己的勤奋努力，不断地朝着更高的目标前进。

从这三点可以看出，不管我们有多么成功，我们都得对职业生涯的成长不断投注精力，如果我们不这么做，工作表现自然无法有所突破，终将陷入日复一日重复的陷阱里。维系成功的惟一法门在于终生学习，在新的方向不断探寻、适应以及成长。

给你做一个职业规划

职业生涯规划是对一个人一生所有与工作相联系的行为与活动，以及相关的价值观、愿望等的连续性经历过程的构画。不管你有多能干，都要给自己进行职业规划，千万不要自我膨胀到目中无人的地步。在我们的职业生涯中，我们一定要开放心胸接受上司或是同事的指点，了解自己有哪些能够加强的地方，发挥自己的才能，并且探寻新的机会。你所需要的是能够对你直言不讳的上司，并且激发你接受未知挑战的力量，这样的上司将是你在职业领导上的无价之宝。

一个立身人世的人，必须要设计自己的职业生涯。凡事预则立，没有规划的人生最终会失去方向，事倍功半。如果我们没有一个囊括一切人生活动的总的规划和目标，我们的生活尽管可以过得满足，但这种生活毕竟没有方向，缺乏统一。在我们每天的生活中，存在着一系列所谓从属性的目的和目标，但这些从属性的目的中没有哪一个目的可以使人发挥出他的所有思想和能力。如果没有一个总的规划把这些分散的从属性的目的纳入自己的运动，生活就将缺乏一个总的意义。如果年轻的艺术家想早日使自己的手艺精湛，仅仅想着“我要做最美丽的工艺品”就以为能实现心愿，那简直是天方夜谭！如果不只是“要做最美丽的工艺品”，而是要抱着“做最美丽的工艺品是上天赐予我们的最完美的工作”的念头，工艺品制作的手艺就能进步了。为什么呢？因为如果这样想的话，工艺品制作这件事就会变成一件愉快的事情了。此时，相信你离成为一个手艺精湛的工艺品大师也就不远了。

对于能够自立自助的人来说，贫穷非但不会变成痛苦和不幸，而且通过吃苦耐劳、坚忍不拔地自立实干，还会使它转化成为一种幸福；贫穷能够唤起自立者奋发向上的激情，以及为理想勇敢战斗的拼搏精神。

自力更生和自己战胜自己将教会一个人从自身力量的源泉中吸取动力，从自己的力量中品尝到甜蜜的味道，学会正确地劳动以供养自己和家人，并扩展属于自己的美好事物。

如果我们的人生缺乏自立精神，就很难在职业生涯中有所成就。因为自立的精神是一个民族力量的真正源泉。最穷苦的人也有登上峰顶的时候，在他们走向成功的道路上没有根本不可战胜的困难。成功的大门时刻为那些吃苦耐劳的人敞开着。

当然，在这个过程中，我们要学会拒绝和消除依赖别人的不良心理现象，自己要有面对困难的勇气，努力独立完成自己的工作，才能得到别人的承认，获得他们的赞同、受到上司的表扬，如果你不能有效摆脱与消除在心理上对别人的依赖性，你在通向前进的道路上必然会布满障碍。

在我们进行职业生涯规划时，我们一定要注意到自己是否能拒绝依赖性，只有努力把自己的工作做好才有望得到提升。我们必须证明自己能独立地工作，能够独立创业，才能证明自己是一个有用之才，自己的事业一定能够成功，才能真正地理解在过去的岁月里，我们所遭遇的人生艰难和不利于自己的困境可以成为一个人走向成功的有利条件。因为，这样的环境可以教会人怎样自立。

著名的音乐家贝多芬，一生命运多舛，他 17 岁时母亲去世，家庭负担沉重地压在他身上；他 32 岁时耳病加重，最后丧失听力。作为音乐家却听不到声音，命运似乎把他推到了生活和创作的绝路。但贝多芬没有因此而万念俱灰，意志消沉，他始终与厄运抗争，像一棵幼芽在巨石下艰难生长那样顽强地生活和创作。他赠友人的一句名言是:“我要扼住命运的咽喉,它妄想使我屈服,这绝对办不到——生活是这样美好,活它一辈子吧!”

但是,现在许多年轻人并不是这样想的,在他们踏上人生旅途后,他们一旦遇到挫折和打击,就开始悲痛不已,从此便无所作为地听从命运安排,让人生这叶扁舟,无桨无舵地置于生活的海洋,任凭命运的风浪将它漂游、颠簸、淹没。这是多么的可悲呀!由此,我想起了法国著名作家罗曼·罗兰所说的一段话:宿命论是那些意志力缺乏的弱者找来的借口。强者、勇者和智者都相信自己的力量,不论他们处于何等艰苦危难的境地,总能满怀信心地扼住命运的咽喉,同各种残酷的厄运拼搏,做主宰自己命运的主人。而只有弱者,才相信天命,听任命运的支配和驱使,把自己的命运轻易交给别人掌握,这样的人是不会取得成功的。

如果我们能够在自己的工作中找到自己的乐趣和爱好,我们就能把握自己的命运。那些刚刚进入职场的年轻人,他们容易整天无精打采,有些人会怨叹工作的不幸和人生的无聊,对工作和生活也谈不上乐趣。为什么会这样呢?因为他们能所做的是自己不感兴趣的事,哪怕有再好的知识和能力,也不想发挥,久而久之,就连原来的工作能力都丧失掉了。由此可见,一份不称心的职业是在糟蹋人的精神,埋没人的才能。

无论怎样,通过我们的工作,我们都能感受到:要做自己所企盼的事,做自己热爱做的事。不管别人做什么,或者别人让你做什么,要自己找到答案并坚守住。

作为一个优秀的员工,我们会有一个合理的规划和目的。如果没有合理的规划和目的，他们就没有幸福的生活，也就谈不上对生活充满兴趣。如果人生在为无数分散的目标奋斗，人心就无所依托。因此，我们一定要规划人生，制定自己职业生涯的目的和计划。要得到良好的职业归宿，必须事先就有筹划，根据外界职业环境、个人的素质条件，设计、规划自己的职业生涯，明确长期的目标是什么，中期的阶梯在哪里，短期的门径是什么。

设计生活时要“知己知彼”，特别是真正地认识自我，认清自己的长处和短处是什么、自己的脾气秉性是什么、自己的职业适应性是什么、自己的才能是什么，自己可能在哪个方面取得成功与成就。为了准确地判断自己，科学、合理地设计生涯，可以运用职业能力、心理、个性、适应性测量法。好的职业测验工具可以成为顺利步入职业生涯的“方向盘”。

对工作要有正确的信仰

人生的目的或者意义究竟是什么？对于这个问题，在人类历史上有着很多的解答。尽管人们对于人生的目的和意义，一直就众说纷纭，但我们还是可以看到，人生的目的和意义就在于为大多数人谋取幸福，在于为整个社会作出奉献。

我们知道，作为一个员工，如果把履行职业看成是我们神圣的责任，我们就会像对待自己的生命一样来对待自己的工作。正是我们具备了这种神圣的责任，才能使我们的人生更具有价值，才能让我们认识到职业劳动是不应该被蔑视的，它是一种高尚的、能证明我们人生意义的神圣义务。正因为这样，我们才能总结出职业本身也就成为了人生的目的。

现在不论是大公司，还是小公司，都要求员工再努力一点，再勤奋一点。他们提出这样的指导思想是从人是劳动的动物出发的。在他们看来，劳动是人的一种属性。正是有了这种属性，他们才信心十足地说，辛勤劳动是最能体现人的价值的，也是一个人在这个社会中确立的一个标志。正因为这样，我们的工作才能在文化及价值的前提下得以展现，这不仅仅是我们养活自己的必需，更是一个关乎生命的问题，因为我们存在的一切意义几乎都要由我们的劳动来体现。这正如亨利·福特所说："满足自下而上的需要不应该成为工作的惟一目的，工作应该成为实现人生价值的途径。"

作为一个以工作为生存基础的人来说，在他成年的时候，就应该树立起对工作的信仰。简单地说，工作的信仰就是你要明白自己为什么工作？工作的意义是什么？说到底就是要明白人活着的意义究竟在哪里？生命的意义究竟是什么？有人认为人生的竟义在于吃喝玩乐，有人认为是成为与自己崇拜偶像一样的人，还有人认为是充分施展自己的所有才华和潜能。无论怎样的信仰，在你成年时你必须做出决定，选择与你人生信仰相匹配的合适职业。

事实上，在我们的成长过程中，我们可以根据自己的信仰来选择适合的工作。人生如果没有选择，这是非常遗憾的。正如我们了解到的，多数人的忧虑、悔恨和沮丧与不适应工作有关。奉劝你不要仅仅因为一时的生活困顿或者自己家人的愿望，而勉强从事某一行业，也不要贸然决定终生从事某一行业，除非它能给你带来信仰上的确证。当然，你也必须认真仔细地考虑父母的建议，毕竟他们比你年长，已经获得了许多只有从众多经验及岁月中才能得到的人生智慧。但要坚持一点，那就是最后的抉择必须由你自己做出，因为未来的工作和生活，快乐还是悲哀，全部由你自己来承担。

罗宾斯曾经说过："只有那些找到了自己最热爱的职业的人，

才能够彻底掌握自己的命运。”我们不要为自己寻找任何借口来逃避工作，我们要忠于职守、尽职尽责、认真负责，以一种忠诚敬业的态度来对待自己的工作。看看那些在工作中取得成就的人，他们都有一个共同的特征：他们无论才智高低，无论从事哪一种行业，他们都喜爱自己所做的事，对自己所从事的工作非常感兴趣，并能在自己最热爱的事情上勤奋工作。

我们还看到有很多刚刚参加工作的年轻人整天无精打采，毫无工作与生活的乐趣，他们怨叹工作的不幸和人生的无聊。为什么他们会这样的悲观呢？主要原因是因为他们正做着自己不感兴趣的事。还有一些人有不错的学识，因为他们所从事的职业与自己的才能不相匹配，结果他们对自己的工作不感兴趣，久而久之就失去了原有的工作能力。由此可见，一种不称心的职业最容易糟蹋人的精神，使人无法发挥自己的才能。

如果我们所选择的职业与我们的志趣相匹配，我们就不会陷于失败的境地。我们一旦选择了真正感兴趣的职业，工作起来就会精力充沛、全力以赴，而决不会无精打采、垂头丧气。同时，一份合适的职业还会在各方面发挥我们的才能，并使我们迅速地进步。

一位哲人说过，“成功与失败有时只有一纸之隔，关键在于我们能否坚持最后五分钟，能否有一个对自己的人生起指引作用的信仰。”从这位哲人的话我们可以看出，很多人之所以走向失败，就是因为他们没有对人生、对工作有一个正确的信仰，从而导致他们不能够坚持到最后一刻，结果就临阵退却了，放弃了希望。

树立职业信仰

作为一名员工，我们一定要在安静的时候扪心自问，我们所从事的职业是不是自己热爱的职业。如果不是，就应该趁早转行，如果是，就应该对职业有虔敬的心理。在公司中也是如此，一个人如果不喜欢自己的职业，他们就会找很多借口来逃避工作，这不仅说明他对自己不负责任，更说明他是一个对社会也不负责任的员工。因为只有对自己能够负起责任来，才能够对社会负责任，才能树立起自己的职业信仰。

赵虹大学毕业后为了生计，做了一名银行职员，但工作一年后，发现自己干这个工作老是心不在焉，而且始终把这个工作仅看做谋生的手段——也就是为了月底的那点并不微薄的薪水。在安静的时候，她问了问自己，发现自己并不热爱这个工作，虽然这个工作能给她带来富裕，但是，她早年的梦想和内心崇尚的倒是做一名社区工作者，这个职业工资不高，但能给她带来助人为乐的荣誉和赞扬，带来与人交往的乐趣。于是，经过一番思想斗争后，她毅然选择做了一名社区工作者，为社区公民排忧解难。她非常地投入，每天几乎没有上下班之分，她运用了自己的全部才华和潜能，工作干得非常出色。在干了社区工作10年之后，她当选为区人大代表，她为民众办事的理想获得了进一步的拓展，她的职业也获得了更大荣耀和发展。

正是赵虹的职业发展，使我想起了一个人的工作就是付出努力以达到自己的目的。最令人满意的工作就是使我们的工作向我们认为能表现自己的才能和性格的方向努力。同时我也感受到，一个人在他所取得成功的背后，必然存在着一种无形的精神力量。而职业信仰就是这个人作为一种进取有为、勤奋敬业的精神力量。正因为这样，从而才推动了整个社会的快速发展。

从工作的本质而言，工作不是我们为了谋生才做的事，工作代表了一种终生的义务。一种确定的工作领域，也包含了人们对它的肯定评价，甚至包含着自我价值的实现。在一些具有使命感的人看来，工作就是我们要用生命去做的事，它不存在着贵贱之分，自己的工作就是最好的。既然我们的上司为我们每个人安排了一个职业，就必须坚守各自的工作岗位，努力劳作。总之，职业是我们赖以生存、赖以实现自我的一种方式，我们要以我们拥有神圣的工作而感到荣耀。我们只有恪尽职守、兢兢业业，才能获得生活的乐趣，进而实现自己梦寐以求的理想。

爱默生曾经说过：“每个人都是天使。”我们如何来理解这句话呢？现在我就给大家讲个故事来加以说明吧！

有一位演讲大师说每个人都是从天而降的天使，活在世界上的每个人都要利用上苍给予的独特恩赐，去发挥自己最大的潜能。当即就有人指着自己的塌鼻子反问道："难道天使也有塌鼻子吗？"另外一位可爱的女士也附和道，"我的短腿也不会是上苍的创造吧！"

这位演讲大师微笑着回答说："上苍的创造是完美的，你们也确实是从天而降的天使，只不过……"他指着塌鼻子的先生说："你从天而降，但让鼻子先着地了。"他又指了指短腿的女士："你从天而降时，忘记打开降落伞了！"

的确，每个人都是天使，我们不要因为在降落过程的失误而忘记了人生旅程的目标是传播爱和快乐。上苍为每一个人关掉一扇门的时候，总是打开了一扇窗。

这正如马林先生在《再努力一点》这本书中所指出的一样：人只有努力地工作，才能确证自己的人生价值。毕竟实现人生价值是我们渴望成功的基础。这就像一位哲人所说，有什么样的决定，就会造成什么样的命运，而主宰我们做出不同决定的关键因素就是个人的价值观。一个人要想成为社会上的领导人物，他就必须清楚知道自己的价值观，同时确实按照这个价值观过其一生。社会阶层的各类精英人士，不管是职业人士、企业家或是教育家，在他们的专业领域能有杰出的成就，全是因为能够发扬光大所持的价值观所致。

如果我们不知道自己人生中什么是最重要，如果不知道什么价值观是我们应该坚持的，我们就不能对所从事的职业充满信心和兴趣。如果我们不知道该建立什么样的成功基础，就不能知道用真挚、乐观的精神和不屈不挠的毅力去克服困难，以用这些要素来当作自己走向成功的基石。因此，无论我们将来所从事的是什么职业，都要用全部的热忱去努力。只要我们努力了，我们才能这样说，“成功面前没有可能，也来不得半点虚假。一个勤奋敬业的人也许并不能获得上司的赏识，但至少可以获得他人的尊重。受人尊重会获得更多的自尊心和自信心。不论你的工资多么低，不论你的老板多么不器重你，只要你能忠于职守，毫不吝惜地投入自己的精力和热情，渐渐地你会为自己的工作感到骄傲和自豪，就会赢得他人的尊重。以主人翁和胜利者的心态去对待工作，工作自然而然地就能做得更好。一个对工作不负责任的人，往往是一个缺乏自信的人，也是一个无法体会快乐真谛的人。”

由此可以看出，一个没有职业信仰的人是不会有好结果的。他们在烦恼中工作着，最终还是过着并不幸福的生活。在我们的工作中，我们一定遇到过棘手的情况，可是面对这样的事情时，我们却迟迟下不了决定，这是为什么呢？这其中的原因乃是我们不清楚这些事情的本质是什么，我们不明白如果我们采取措施去处理，结果想要得到的最重要的价值是什么。这就说明，我们的一切决定都取决于我们拥有的清楚的价值观。

这正像《尊重自己的工作》中所写：“归根到底，我们的工作也就是在为实现自己的价值观而奋斗。为什么这么说呢？因为工作本身也是实现人生目标的一种方式。最理想的职业人生应该是兴趣、技能和意义的结合，而金钱或者是名声、地位都不在评价标准之中。很多时候，不缺少，不失去，我们就无法感知拥有的价值，工作也同样如此，这是我们要完成个人在现实社会里所处地位赋予他的责任和义务。”

职业即是你的事业

在很多年轻人看来，只有那些公务员、银行职员，或者是跨国公司的白领人士所从事的工作才是充满竞争力的。正因为他们有了这样的认识，所以在他们的工作岗位上，他们没有激情，对自己的工作不知道如何去做。即使有一些人不惜投入大量的时间，想尽各种办法，通过不同的渠道去谋求一个公务员的职位，但心里还有着其他的想法，还是达不到上司对自己的工作要求。

事实上，只要我们培养起自己的职业竞争力，无论你从事什么样的工作，用同样的时间，完全可以通过自身的努力，在现实的工作中找到自己的位置，发现自己的价值。想想看，如果一个人花在影响未来命运的工作选择上的精力，竟比花在购买一件物品上所花费的精力要少得多，你说你能做好工作吗？如果你要是在这样的情况下能够把工作做好，这就是令人非常奇怪的事了，尤其是当他未来的幸福和富足全部依赖于这份工作时，更加能够体现出这份工作的重要性。有很多刚踏上工作岗位的人，他们对自己所从事的职业不知道如何做，也不知道自己真正想做什么，于是他们变得非常的浮躁。他们在刚刚参加工作的时候总是野心勃勃，充满玫瑰般的梦想，但是工作了一段时间后，他们却一事无成，于是变得沮丧和颓废，甚至麻木不仁。

因此，一个人在培养自己的职业竞争力时，就要为自己的职业做出一项最重要的决定，而且这项决定将深深地改变你的一生，将会对你的工资收入、身心健康、幸福以及人生意义产生巨大的影响。当然，在这个时候，你现在工作中还没有处于安排别人位置的地位。实际上，你可能再考虑自己的问题，我怎么才能找到自己合适的环境？我如何才能培养起自己的职业竞争力？如果你真是这样想的话，我可以为你提供以下建议：

第一，完全感：

一位企业管理者说得非常的好："能力再强也不能代替安全感。"如果总处于没有安全感的状态，你将会失去灵活性，很难做出改变，也无法在变化中成长。

第二，了解自己：

如果不了解自己的优势和劣势，就不可能找到安身立命的位置。花些时间去检验一下自己的天分，也请别人给一些反馈，然后采取行动，消除个人盲点。

第三，相信领导：

好的领导者会帮你走上正确的方向。如果你不相信领导，那么就找其他导师获得帮助吧。或者，加入另一个团队。

第四，看到宏观远景：

只有以团队的宏观远景为背景，你在团队中的位置才有意义。如果你寻求位置的动机只是个人得失，那么这种糟糕的动机可能会让你无法发现自己的真正追求。

第五，依靠自己的经验：

在你面对自己的真正位置时，惟一的验证方法就是亲身尝试，然后从你的成功与失败中得到启示。当发现你的安身立命之所时，你的心灵就会歌唱起来。也就是说，对你而言，没有一个地方能像这个地方一样如此接近你的追求，那么，就是这里了。

从上面的建议可以看出，在你从事一项工作时，最好对自己的职业生涯有个清楚的认识，然后明白领导对你的期望值。如果你是管理者，就要率领团队达成目标，让他们看到你的能力，并让他们对你有一种依赖感，就好像与你在一起，什么困难都能战胜，什么障碍都能克服。要是你还能训练员工、激励员工、营造高效的工作氛围，那就身兼领队、教练和队长的角色了，自然就是物超所值。想一想，做老板的通常会选择哪一种人？尤其是在今天的职业竞争力已经从学历、能力朝着更广阔的领域延伸时，心智的发展要是落后于那些看得见的标准，那么个人的成长也将是歪斜的，靠这种残缺的竞争力去争取职业保障，说句实话，你真的会有信心吗？只有当你发现自己的安身立命之所时，你才会说："对我而言，没有一个地方能像这个地方一样如此接近我的追求,那么,就是这里了!"

在竞争异常激烈的今天,我们要想找到一个非常好的工作,要想获得高额回报并且甩开竞争者,就得提高产品和服务的附加值。这条规则在职场同样有效,许多职场人士所提倡的拿多少钱做多少事的年代早就过去了。为什么这样说呢?因为在过去的岁月里,许多人工作的目的是为了获得一份薪水,他们这样想的:我为老板工作,老板付给我工资,这是等价交换,很公平。如果老板付给我的少,我就干得少,没必要费心地去完成每一个任务。我不会白拿老板的钱,我只要对得起我那份薪水就行了,超出薪水之外的工作与我无关,我不会蠢到去做无用功。

作为工作中的人来说,被老板剥削的滋味当然不好受,且令人憋气,高呼"王侯将相,宁有种乎",这也可以理解。但是,我们不妨换个角度来看这个问题,如果没有人来"剥削"你,那就意味着没人用你,你愿意看到这种局面吗?市场经济就像自然界一般,有羊有狼,狼就是吃羊的,或者说,羊生来就是被狼吃的,天经地义,无可置疑。在市场经济条件下,老板就是剥削员工、剥削他人的,这是一方面;另一方面,市场经济是天生平等派,它给予每个人"剥削"别人的机会。光埋怨老板是不能改变这个自然法则的,也不能解决什么问题。

如果我们觉得自己忍受不了这种过分的工作,也不想再遭受别人的剥削,当然可以自己当老板,但做这件事情时,我们还要掂量一下自己的实力和周围的社会环境。否则,我们可能是竹篮打水一场空,情况严重的话还可能是"赔了夫人又折兵",钱没赚到,反倒背了一大堆债。所以说,所谓老板在剥削员工的这种说法,在很大程度上讲,是不成立的、不正确的。老板出钱办公司,这是拿他一生奋斗的心血作赌注,他必须承受各方面的风险和压力。而打工者则不需要承担太多风险,一般都能旱涝保收。

当然,如果我们想做个高级打工者,或者高级经理人,就要端正心态,正确对待老板与员工之间的关系。在这种情况下,我们必须明白,老板剥削我们,其实就是说明我们有利用价值。只有我们在被老板用的过程中,我们的社会价值才能体现出来,自我价值才能彰显出来。换句话就是,我们欲要求上进,就要尽力去争取被老板剥削的资格,这样,才能充分发挥你的价值。

但是,我们也不能排斥,在我们的工作中,有很多员工由于受被老板剥削的思想所影响,他们往往不尊重自己的工作,他们不把自己的工作看成创造事业的要素和发展人格的工具, 而视为衣食住行的供给者,认为工作是生活的代价、是不可避免的劳碌,这是多么错误的观念啊! 常常抱怨工作的人,终其一生,决不会有真正的成功。如果某人做某事的时候,感到受了束缚,感到所做的工作劳碌辛苦,没有任何趣味可言,那么他决不会做出伟大的成就。

不过,到了现在,竞争迫使我们不得不去思考自己的附加值是什么,这是好事情。

把职业当成事业,这是优秀员工所具备的共同特征。从事卫星上天、计算机研制的科学家们是如此,在平凡岗位上奋发进取的员工是如此,在环保工作上的工人也是如此。这些把职业当事业干的人,都是有远大理想、有崇高追求的人。他们总是能把分内的事做得保质保量，从不为没能获得更多的发展空间而困惑。他们能够正确处理平常心与进取心的关系，安心于平凡的岗位，但不甘于平平庸庸度过一生，而要干出一番业绩来奉献社会，回报人民，实现自己的人生价值。他们具有坚强的意志和宽广的胸怀，认准的路就坚定不移地走下去，不怕前进道路上的困难和曲折，不断超越自我，努力攀登事业和人生的高峰。

如果你是职员，建议你想一想，除了自己分内的事，你还应该做些什么？对你的老板来说，一个有着更高附加值的员工意味着效率、价值和榜样。而对你来说，它意味着机会、成长和实力。用不着抱怨什么，其实没有什么可以阻挡你，只要你的表现能够超出老板的期望。这样你就能够使自己的事业获得成功。一个员工要在事业上取得成功，就要在工作中树立起高度的责任感，因为责任感可以发挥力量，帮助你把不可能的事变成可能。

第四章　把职业阶梯化

在我们的工作中，我们必须有自己的职业目标。一个胸怀远大志向的人，必须设计好自己的职业生涯，对职业生涯有着整体和长远的认识，为自己树立坚定的目标。

确立自己的职业目标

目标是对于所期望成就事业的真正决心。目标比幻想好得多，因为它可以实现。没有目标，不可能做成任何事情，也不可能采取任何步骤。如果一个人没有目标，就只能在人生的旅途上徘徊，永远到不了任何地方。正如空气对于生命一样，目标对于成功也有绝对的必要。如果没有空气，没有人能够生存；如果没有目标，没有任何人可以成功。所以对你想去的地方先要有个清楚的范围才好。

在 1953 年的时候，美国耶鲁大学有一位老师曾经对该校的毕业生进行了一次有关人生目标的调查研究，结果有了令人惊叹的发现。

是什么发现呢？这还得回到整个事件的开头，最初研究人员向被调查学生问了这样的问题：你们有人生目标吗？这于这个问题，只有 10%的学生作了肯定的问答。

在这群学生作出上述回答后，研究人员紧接着又问了第二个问题:“如果你们有人生目标,那么,你们是否能把自己的目标写下来呢?”对于这个问题,总共有3%的学生写下了自己确认的目标。

就这样,时光飞逝,一晃20年就过去了,当耶鲁大学的研究人员在世界各地追访当年参与调查的学生们的时候,他们惊奇地发现,当年白纸黑字把自己人生目标写下来的那些人,无论是事业成就还是生活质量,都远远超过那些没有明确自己人生目标的同龄人。单单这3%的学生所拥有的财富就超过了余下的97%的人的财富的总和。

这个调查结果,真是出乎人们的意料,大家都说,这真是一个令人称奇的发现,那3%的人之所以能成功,就在于他们从年轻的时候起就有了自己明确的人生目标,他们不再漫无目的地忙忙碌碌,而是为自己的目标不断努力奋斗。

看看前面的那个研究调查里面的97%的人,他们一开始就没有明确的目标,那他们碌碌无为的一生在干什么呢?后来发现,这些人一辈子都有着直接或者间接地帮助那3%的人实现他们的人生目标,多么可悲的结局。身在职场,最重要的事情就是要树立目标,有了目标,工作就会充满机会;有了目标,才能为自己的努力指明方向。

这个调查结论后来影响了很多人,例如埃姆雷就是其中一位,在他看到这个调查后他非常的震惊,于是他在大学毕业之后开始上班的第一天起,他就下决心为自己树立了一个目标:在两年之内当上部门经理。

在他树立这个目标后,他就以这个目标来激励自己。在他奋斗的过程中,他还发现,目标真是一个奇怪的东西,它使埃姆雷每天都被工作的疯狂激情驱使着。虽然这样工作有些累,但劳累过后,他给自己带来满意的业绩。

事情的发展正如埃姆雷所设想的一样,不到一年,他便被提到了主管的岗位。在这个位置上,他对自己的工作更加尽职尽责,他为此也牺牲了许多娱乐和休闲的时间。因不断努力,他的能力和工作业绩得到了公司总裁的肯定,在他当上总管不到半年的时间后,又被提升为部门经理,成为公司里提升最快的、最年轻的经理,他有幸成为了那3%的人。

所以说,成功总属于那些有人生目标的人,鲜花和荣誉从来不会降临到那些没有人生目标的人身上。许多人只知道怀着羡慕嫉妒的心态看待那些取得成功的人,总认为他们成功的原因是有外力帮助,于是感叹自己的命运不济。殊不知,成功者之所以成功就是由于他们有了明确的目标,而许多人不成功,就在于他们连一个明确的目标都没有。

我看见无数的企业中,有许多员工忘记企业的目标是满足客户的需求。每当有客户前来企业拜访,那些员工都是心不在焉地将客户打发走;每当接到客户的建议信,员工们从不拆封,而匆匆地将信扔在垃圾桶中。诸如此类的情形,可能发生在你们任何一个人当中。

所以,当我们在笑话毛毛虫时,自己也在被人笑话。时刻铭记我们的目标,我们所要完成的使命,检查自己现在所做的事情是否与目标相左。人们所做的事情常常与所设定的目标相违背,这十分常见。学生时代，我的目标是完成作业，不好意思，又去打球了。商业谈判时，我的目标是达成妥协，对不起，我看见他就生气，事情谈砸。

我常常听见一些人说，“真希望有一套房子。”可是10年后，我仍然听见他说：“要有一套房子多好呀。”如果他真正的目标是拥有一套房子的话，那么他必须比以往更勤奋地工作，比以往更节俭地消费等。他是这样吗？不，他懒惰如初，他大手大脚。难道他不是忘记了自己的目标吗？

大凡事业有成的人，他们都有两个共同特点：一是明确地知道自己事业的目标；二是不断地朝着目标前进。目标的意义不仅仅是目标本身，它更是我们行动的依据、信念的基础、力量的源泉、专注的核心、追求的境界。美国精神之父爱默生说过：“一心向着自己目标前进的人，整个世界都会为他让路。”

有了目标，你即使在做一件最微不足道的事情，你都会变得有意义。在工作中，往往有员工失去目标，而使工作变得乏味，使生活失去意义。有目标的人在工作中总是能够创造更大的价值，获得更长足的发展。毫不夸张地说，目标是成功的一半。

找准自己的位置

每个人都有种自己的用处和地位，每个人都有属于自己的成功。每个人都有自己的弱项，也有自己的强项。聪明的人要善于发挥自己的强项，避免自己的弱项。

在我们的生活中，有很多人会出现这样的情况，毫无绘画天赋的人却努力去做个画家；看见数字就头疼的人却选择做了会计；一个艺术的天才，宁可一辈子被关在小商店的账簿里，也不可一生都关在小商店的花名册里。如果你喜欢做一个大政治家，或者喜欢做个大律师，或者大艺术家、大演说家、大商人，那么你就努力去做，即使没有成功也不后悔。如果你不喜欢上述工作中的任何一项，那你就不要因为它们在公众心目中有着一层炫目的光辉而勉强去做。如果你勉强去做了，即使偶而成功了，对你而言也是没有任何乐趣的。由此可以看出，我们就非常有必要找准自己的位置。

在现代职场中，默默无闻、埋头苦干的人，不一定得到重用。一个聪明的员工，不仅要会做事，还要会“表现”自己，这样才有机会脱颖而出。但是，在公司里，有很多员工都不能以很好的状态去工作，他们不是埋怨工作乏味，就是自叹命运不济，渴求着一份获得称心满意工作的机会。但是今天得过且过，明天又再等一会儿，当所有最宝贵的青春岁月都稀里糊涂浪费掉后，再想重新学习一些新的技能，往往为时已晚。这种一再拖延、得过且过的惰性，其实与慢性自杀无异。一个人，只有对自己作出清楚的认识，明白自己的位置在哪里，自己适合在哪里，应该站在哪里，这样才能把自己的能量释放出来。

汤姆是一家国际著名酒店的实习厨师，因为是实习生，只能在厨房当下手。在众多的实习生里面，汤姆并不是最优秀的，但是他会做一种味道特别的甜点。

一次，酒店一位最重要的客人发现自己十分喜爱汤姆做的这道甜点，以致于后来每次来酒店都要点汤姆做的甜点。偶尔汤姆不在，这位重要客人就不吃其他的甜点，专门等下次汤姆在的时候吃他做的味道独特的汤姆式甜点。因此，在最后决定实习生去留的时候，汤姆幸运地成为少数被留在该酒店的实习生之一。

汤姆的成功是因为他恰当地发挥了自己的强项，成为酒店不可或缺的人，所以才能留在那家国际知名的酒店工作。

做企业要给自己的企业定位，做媒体要给自己的媒体受众定位，同样的，人生中也需要给自己定位，找准自己的位置才能如鱼得水，在属于自己的领域里游刃有余，大展宏图。

那么如何给自己进行定位呢？

首先要分析自己的性格，如果你是外向开朗的性格，则适合做与人打交道的工作，比如营销、记者、公关等；如果你的性格相对内向，那么你则适合需要长期伏案的工作，比如编辑、财会、办公室人员等。

其次要找出自己的优点和缺点，发现自己所擅长的事情，如果你擅长唱歌，并且有很好的外形条件，那么你可以尝试着向演艺界发展，也可以学习乐器或者舞蹈；如果你的文笔较好，擅长公文文件的整理写作，同时你又是个渴求稳定的人，那么报考公务员对于你是一个很好的选择。尺有所长，寸有所短，重要的是要发挥各自的优势，做起事情来就会事半功倍，轻松快乐。

再次就如同上文所说，兴趣爱好决定了你在所在的领域能有多大的发展前景，要在事业上有所作为，除了上述性格、专长发面的因素外还要考虑到自己的兴趣爱好。这样来定位人生，生活才会时时出现让人意外的惊喜收获，最让人惋惜的事情莫过于一个人站错了地方，把宝贵的精力用错了地方。

一个聪明的人，如果没有做最适合自己的工作，他不可能取得成功；一个笨拙的人，如果他能全面地了解自己并做最适合自己的工作，那么他也会取得成功。

在工作中，无数的人之所以没有成功，主要不是因为他们才干不够，而是因为他们不能集中精力、不能全力以赴地去做适当的工作。他们从来没有觉悟到这一问题：明智的员工最懂得把全部的精力集中在一件事上，惟有如此方能实现目标；明智的员工也善于依靠不屈不挠的意志、百折不回的决心以及持之以恒的忍耐力，努力在人们的生存竞争中去获得胜利。

总之，一个人想要在事业上取得成功，就要从准确的定位开始。如果我们能够集中精力在自己的位置上做好自己的事，那么我们的事业完全能够结出丰硕的果实！

逐步达成自我实现

在我们的职业发展道路上，一个人所取得的成功总是从低级到高级发展的过程，没有一个人是一步登天的。当一个人在他取得个人自我实现的目标时，他又会去追求另一个更高级的自我实现目标，正是我们有了这种不断自我实现的需要，才使我们从一名员工成长为一名熟练的管理者。实际在这个过程中我们也收获了很多，而获得这一切的资本，就是我们在自我实现的过程中能够得到充分的发挥，从而使我们获得更多的报酬和他人的认可。

现在许多公司中的员工就是只注重眼前利益，只为挣钱用来消费和享受，毫无长远目光。他们忽略了时代在变，社会在变，所以我们看待问题的视角也应该改变，注重实现利益并非错误，但是，只注重现实利益而忽视培养能力是万万不能的。后者比前者重要得多，很多高层管理在刚参加工作时也不是一步到位的，他们都是通过自己的努力一步一步实现的。对他们来说，能力、经验和机会就是在这一过程中获得的。

同样地，在我们的工作中，任何一个员工的成长也是一步一步来实现的。他们要实现个人成长、发挥个人潜能、实现个人理想的需要，同样不可能一步到位，也必须循序渐进地前进。只要人们在职业中不断地付出努力、不断地超越自己的目标，他们就会拥有无限辽阔的精神空间。

作为一个职业人，我们怎样才能自我实现呢？我的建议就是去做自己最适宜的职业。只有我们选择了适合你自己的工作，才能在工作中发挥出自己最大的才华、能力和潜在素质，才能展现个人的情感、思想、愿望、兴趣、能力、意志等特性，才能实现自己的理想和人生目标，才能不断地自我创造和发展。只有我们选择了最适合自己的职业，才能努力做好自己应该做的工作，才能把自己的工作当作是一种创造性的劳动，竭尽全力去做好它，使自己从中得到满足，使个人价值得到实现。

中国古代哲学家孟子的“人人皆可为尧舜”，实实在在地体现了自我实现的思想。每个人都想活出自己的价值，都想比自己现在的状况活得更好，甚至都想成为伟人和名人。如果我们确定了一个完满的、自己希望成就的人生形象，那么实现它，就成为我们人生的目标。

有个古老的印度传说：上帝首先创造了贝壳，它们生活得百无聊赖，无所事事。其次上帝创造了鹰，它们过着激动惊险的生活。上帝在创造人的时候，希望人类作出自己的选择，是做贝壳，还是做鹰。人类既不想百无聊赖，又害怕激动惊险，又贪图鹰的自由自在。于是上帝为人类选择了一种符合人类要求的动物，这就是鸭子。

鸭子粗看上去还有几分像鹰，但两者的判别还是明显的。鹰在高空盘旋，而鸭子却贴着地面飞行。鹰昂天长啸，鸭子有事没事都呱呱叫，而根本没有什么实际行动和效果。

有一次我去西三旗建材城买东西，由于我选择的时间是双休日，去那里买东西的人很多，结果使人手有限的营业员就忙不过来。我走进去的时候，每个营业员都在不停地和一些客户谈论着。在我等了一段时间之后，实在忍不住了，我就过去问一位营业员："不好意思，请问我想买一张书柜，应该去哪里买呢？"

我刚问完，这个营业员烦躁地对我说："你没看见我正忙着吗？这里还有别的客户呢，我一次只能照顾一个顾客，你不要打断我们，你等等吧！轮到你的时候，你再过来。"

其实，这位回答我问题的人非常地像一只鸭子。这些鸭子可能是太忙，不过成效太低。他们只是喜欢呱呱叫，而不在乎客户是否满意，忘记了他的目标是达成交易。鸭子们不会主动为客户着想，没有一颗进取的心，为此他们常常要为公司失去很多客户和生意，自己也失去了成长和晋升的机会。

还有一次，我去一家连琐酒店为我的朋友订房间，我订的是三天后我的朋友会直接从首都机场来到这家酒店，在我办理完手续后，我就离开了该酒店。但在我的朋友第三天准时来到酒店时，这家酒店的前台小姐却告诉我的朋友，因为人员爆满，酒店超额预订，所以已经取消了我的预订。说完就把我的朋友撂在一边。我的朋友只好给我打电话，当我赶到这家酒店再三询问时，前台小姐给我的惟一的答复就是："饭店住满了。我也无能为力，我又不能变魔法给你变出一间房子来。"

我听这位小姐如此说，刚想与她辩驳，这时，过来了一位男员工，在向我询问了事情的原因后，他说："我们的饭店确实订满了。我为你的预订表示歉意。我尽快为你想办法，我可以为你在附近同样等级的饭店找一间房子。你现在只需要到我们的餐厅等待，我为你免费提供了一份商务套餐，你慢慢享用，一会儿我让服务员领你去房间。"

事实上，这位男员工就是一只鹰，他做起事来总是找解决办法，而鸭子总是找借口；鹰提供建设性的意见，鸭子抱怨个不停；鹰承担责任，并全力以赴，鸭子等着别人送食物上门；鹰发现毛病就会改进，鸭子只会挑毛病；鹰主动进取，鸭子消极怠工。

我希望大家在工作中，都立争做一只鹰，不要去做鸭子，甚或是一只贝壳。作为一只鹰来说，我们应该做的工作就是应该比明文规定的职责还要多一些，因为我们还有一些潜在的职责，这是每一个员工为了企业的目标都应该尽力而为的。我知道我的工作是遵守职责和规章制度，但职责的规定是僵化的，还有许多工作职责是无法规定的，比如改进现有的工作方法，提供更优质的服务，站在客户的角度考虑问题等。如果我们要做一只鹰的话，就要更加关注于企业的发展目标,更加考虑企业的利益,考虑顾客的利益,为此我们必须做更多的工作,而且我敢说,其中大多数的工作职责是没有加以明文规定的。

这正如马林在《再努力一点》中所说:“自我实现要靠你的职业来实现。”如果我们要想让自己生活得更好、工作表现更好、获得别人更多的赞美,就要重新审视自己的心态和步调,才不至于演变到不可收拾的地步。

制定一个工作标准

很多人都以为自己做得已经足够好了。是这样吗?你真的已经把事情做得尽善尽美了吗?你真的已经发挥了自己最大的潜能了吗?在公司里,没有脚踏实地的工作作风是不行的,然而却有很多员工非常浮躁,尤其是刚从学校毕业的学生。他们的期望值特别高,想像中的工作和现实相差太大,因而容易产生抱怨情绪:嫌工作累、薪水少、不受重视。不要盲目地去羡慕那些位高权重的上层管理者，要知道，他们也是从粗重的工作、细微的报酬慢慢升上来的。

一个人有没有成功的机会，不在于你处在什么样的环境、干什么工作，关键在于你是用怎样的心态来对待环境、对待工作。这是一个很常见的问题，但正因为它是很平常的，所以也常常被很多人忽视，这就是人在本性中所包含的惰性所致。在职场上很有必要去认识这种惰性并且改变它，因为谁也不能遮住我们的眼睛、捂住我们的耳朵，不让我们去思考、去尝试，谁也不能挡住员工为未来努力的步伐。

曾经有一位推销员不知从哪本书上看到了这样一句话："每个人都拥有超出自己想像十倍以上的力量。"在这句话的激励之下，他决定在自己的销售过程中检验这句话。

于是他反省自己的工作方式和态度，他发现自己把许多可以和顾客成交的机会错过了。这些情况往往是因为自己准备不充足、心不在焉或者信心不足。于是他制定了严格的行动计划，并付诸实践到每一天的工作当中。比如，按计划走访大客户；增加每天访问的次数；争取更多的订单等。两个月后，他比较了一下自己的进展，果然他现在的业绩已经增加了两倍。一年后，他就验证了"每个人都拥有超出自己想像十倍以上的力量"这句话。数年以后，他已经拥有了自己的公司，在更大的舞台上检验这句话。

人们往往拥有自己都难以估计的巨大潜能。每个人做每一件事都抱着追求完美的精神，那么他的潜能就能够最大限度地发挥出来。

我曾经在我的公司里做过实验：将我的员工分成两组，一组给他们制定了高出一倍的标准，要求他们一次就把事情搞定；另一组则允许他们有两次机会。刚开始，第一组的工人对这个标准都不可思议，纷纷要求降低标准。我拒绝了他们的要求。一个月后，第一组工人已经全部达到了技术指标的要求；第二组就连为他们设定的低标准都有15%的人无法达到。

这种情形使我非常感慨，我也为自己制定了一个更高的标准，一个当时超出了行业标准的标准。这个标准的设定使我的企业迅速成为当地本行业的领头者。

实际生活中，由于我们自身都各自具备了一种才能，我们就要把这种才能施展出来，比如，管理公司的才能、绘画的才能、写作的才能、思考的才能等。无论你的才能是什么，我们都不要把它藏起来或者存放不用，而是要尽量去发挥自己的才能，只有这样，我们的人生才是最完美的。但是，很多员工却像赵刚那样，总是对工作抱着一种消极的心态，认为自己只是一个普普通通的员工，只是受老板雇佣而工作，因而自己所应该做的就只是那些与职责相关，并与自己所得薪水相称的工作。正因为他们有了这样的工作心态，他们只盯着分内的那些工作，而不愿额外多做一些，结果就常常觉得工作是多么的枯燥无味，就很容易地抱怨老板，觉得老板对他太苛刻，于是连自己分内的工作都不愿意去做，被动地应付上级领导安排的工作，敷衍塞责，得过且过。这类雇员工作几年后的结果很可能是毫无所获，他们的心态是只把自己当作一个雇员，为了工作而工作，殊不知，这样的后果可能是到最后连雇员都当不成了。

所以说，要想在职场上有所成就，就应当赶快抛弃这样的消极心态，重新建立起一种积极心态，认识自己可能在职业上发挥的价值，无论我们现在做什么，从事什么样的工作，居于什么样的位置，我们都不要把自己只当作公司中的一位员工，只是为老板打工。我们要像那些在职业上成功的人那样，把自己的工作看得比生命还重要。

更进一步说，我们就要通过自己的勤奋努力，充分地发挥自己的才能，不断地通过我们的拼搏把工作做得尽善尽美，并沿着更高的标准前进。

要有时间观念

关于时间的功利价值，最直截了当的话就是本杰明？富兰克林说的："时间就是金钱。"在商业中更是如此。做事情就像春天的播种一样，如果没有在适当的季节行动，以后就不可能有所收获。无论夏天有多长，也无法将春天被耽搁的事情加以完成。某颗星的运转即使仅仅晚了一秒，也会使整个宇宙陷入混乱，后果不堪设想。

在这个世界上，没有什么东西能够逃脱时间的魔爪，生命总是以时间来计算，是短暂和有限的。人类也是如此，人的平均寿命才70多岁，即便再长寿也不过100来岁，最多36000多天，生命在时间面前是显得那么脆弱和无能为力。

“时间就是金钱”这句话，说的是人们在社会劳动的时间中不断地创造价值，一个人的生命有限，他的职业生涯更是有限。时间对每个人都是一样的，尽管产生的价值不一样，但是，每一分钟都是非常珍贵的。知道了这个道理，你就要向你的时间要金钱。只要抓住了时间，你就抓住了金钱。要抓住时间，你就必须当机立断，该做的事情现在就去做。

在职业生活中，挣钱就是创造财富的回报，因为时间可以丈量生命，也可以衡量财富。但是，每个人每天都拥有24个小时，为什么不同的人却在这有限的一天里体现出了不同的价值，这产生的分别是什么呢？其实，其分别之处就在于时间的单位价值。因此，提高时间的价值就是提高单位时间的价值，这有两种办法：一是在单位时间内做更多的事情；二是在单位时间内做更重要的事情。

第一种办法是在单位时间内做更多的事情，这就要求我们做每一件事情都要马上行动，杜绝拖延；要求我们今日事，今日毕；要求我们培养快速的节奏感，更要求我们控制完成一件事情的时间。

其实这种方法主要体现的是工作的有序性。工作的有序性主要体现在对时间的支配上，首先要有明确的目的性，很多成功人士就指出：如果能把自己的工作任务清楚地写下来，便能很好地进行了自我管理，就会使得工作条理化，因而使得个人的能力得到很大的提高。

只有明确自己的工作是什么，才能认识自己工作的全貌，从全局着眼观察整个工作，防止每天陷于杂乱的事务之中。明确的办事目的将使你正确地掂量各个工作之间的不同侧重，弄清工作的主要目标在哪里，防止不分轻重缓急，耗费时间又办不好事情。

第二种办法，在单位时间内做更重要的事情。这就需要你分清事情的轻重缓急。首要的问题是，你要决定做什么事情是重要的，什么是不重要的。

重要的事情往往都与工作的目标或者企业的目标有关，也可以是与个人的目标相关。凡是有利于工作价值的增长，有利于工作目标的实现，有利于人生幸福的事情都可以认为是重要的事情。

法国作家雨果曾经说过："有些人每天早上预定好一天的工作，然后照此实行。他们是有效地利用时间的人。而那些平时毫无计划，靠遇事现打主意过日子的人，只有'混乱'二字。"

在明确工作目的和任务后，能不能实现就在于能否进行合理的组织工作。组织工作要做好选择的工作，剔除那些完全没有什么价值或者只是意义很小的工作，接着再排除那些虽有价值但别人干更适合的工作，最后再剔除那些以后再做也不迟的工作。对付这些区分出来的工作，你可以采取化繁为简的工作方法加以处理。

几天前，我曾经看过美国威斯门豪斯电器公司前董事长唐纳德·C·伯纳姆在《提高生产率》一书中提出提高效率的三个原则：在每做一件事情时，应该问三个"能不能"。所谓的三个能不能一是能不能取消它;二是能不能把它与别的事情合并起来做。三是能不能用更简便的方法来取代它。

在这三个原则的指导下，善于利用时间的人就能把复杂的事情简明化,办事效率有很大提高,不致于迷惑于复杂纷繁的现象，处于被动忙乱的局面。无论在工作中,还是在生活中,为了提高效率,就必须坚决放弃不必要或者不太重要的部分,并且把重要的事情也进行有序化。另外,恪守时间是做好工作的重要前提,同时它也代表了明智与信用。在著名商人阿蒙斯·劳伦斯商业生涯的最初7年里,他从不允许任何一张单据到星期天还没有处理。因为,商业界的人士都懂得，商业活动中某些重大时刻会决定以后几年的业务发展状况。如果你到银行晚了几个小时,票据就可能被拒收,而你借贷的信用就会荡然无存。

由此可以看出，一个人能力和价值的大小就取决于他是如何使用时间的。为此,我提醒大家在工作卡片上写明:我的时间价值每天多少多少元,每个小时多少多少元,每分钟多少多少元。以此来提醒自己要最有效率地做最重要的事情。在完成这些工作后,还要记住:明确自己的工作是什么,并使工作组织化、条理化、简明化,就能最有效地利用时间,这就是安排出来的效率。

明确地向着目标前进

职场上，我们光有目标是不够的，还需要让心中始终充满希望，对自己始终充满信心，把自己的眼光放得远一些，让自己的事业更加开阔一些，让我们一步一步地朝着目标迈进，而不是一步到位。在工作中，我们要不断地对自己说："我们要在前进的道路上制定清楚明确的目标，我们要为自己的今天和明天奋斗。"如果一个人不能知道自己朝着目标前进了多少，就很容易泄气甚至放弃目标，结果可想而知。

如果一个人没有目标，就不能达成自己的工作计划，不管我们如何努力，都不可能达到自己的要求。在现实生活中，进步有一个准则，那就是不要为打翻的牛奶哭泣。进步意味着允许犯错误，在错误中成长。有这样一个故事告诉我们建立一个对待错误的健康心态，那就是让失去变得可爱。

一个老人在高速行驶的火车上，不小心把刚买的新鞋从窗口掉了一只,周围的人倍感惋惜,不料老人立即把第二只鞋也从窗口扔了下去。这举动更让人大吃一惊。老人解释说:“这一只鞋无论多么昂贵,对我而言已经没有用了,如果有谁能够捡到一双鞋子,说不定他还能穿呢!”成功者善于放弃,善于从损失中看到价值。

曾经有一个父亲,他将一张撕成碎片的地图交给他的儿子:把图拼好。这张图背后有一个人像。儿子尝试了许多次,最终都没能把图拼好。因为要把这张地图上的世界拼好几乎是不可能的事情。父亲告诉儿子,你试试先把人拼好。果然图很快就拼好了。父亲教导儿子说:人正确了,世界才会正确。

正是如此,假如事情要有所改善的话,我们首先要改变的就是自己。只有人进步了,事情才有进步。我们成功和进步的关键就在于:改变自己。如果一个人花上一辈子的时间,连自己都无法改变的话,怎么能改变他人呢,更不要指望能够改变世界。

因此,我提倡员工们每天写工作日志,每天提醒自己是进步了,还是退步了。如果你每天进步1%的话,一年后,你的能力就增长了一倍,你的职位和收入都会增长近一倍,自己进步了,世界也就进步了。

在工作中,我们要确定自己是在进步还是在退步,一个行之有效的方法就是:注意你的态度是否正确,你所做的事情是否正确。只要是正确的,那么你就一定在进步。只有我们能承担某项任务的时候,我们才能成为胜任这项工作的人。所以说,正确的态度表现在我们做这项任务很有趣又符合自己的才能。正确的事情表现在我们能完成这项任务并通过他人创造价值而获得了收益。因此工作常常有这样四种可能情况：

1.带着错误的态度做错误的事情。这样，工作将失去意义和价值。

2.带着正确的态度做错误的事情。这样，虽然你的工作有意义，但是你将浪费大量人力和物力，你不得不面对众多挫折和失败。

3.带着错误的态度做正确的事情。这样，你能够有所成就，但是你的态度限制了你成就的大小。

4.带着正确的态度做正确的事情。只有这种情形，你才能够既快乐又赚钱。你的人生将富有意义又充满价值。

区别这四种工作并不复杂，只要你每天询问自己：你是在做一项充满激情又符合自己才能发展的工作吗？你是抱着快乐和自豪的心情在工作吗？你是在做一件能够为他人解决问题的工作吗？进步意味着你的追求卓越。

我听过一个有趣的故事：每天，当太阳升起来的时候，非洲大草原上的动物们就开始奔跑了。狮子妈妈在教育自己的孩子："孩子，你必须跑得再快一点，再快一点，你要是跑不过最慢的羚羊，你就会活活地饿死。"在另外一个场地上，羚羊妈妈也在教育自己的孩子："孩子，你必须跑得再快一点，再快一点，如果你不能比跑得最快的狮子还要快，那你就肯定会被它们吃掉。"

所以请记住，你跑得快，别人跑得更快。

培养你的职业竞争力

有人曾经问过我这样一个问题:现在的年轻人求职时,最容易犯的错误是什么?对这一问题我的回答是:不知道自己想干什么。这一回答也许会让人惊诧不已,但事实正是如此。想想看,一个人花在影响未来命运的工作选择上的精力,竟比花在购买一件穿几年就会扔掉的衣服上的心思要少得多,这是一件多么奇怪的事情,尤其是当他未来的幸福和富足全部依赖于这份工作时。许多大学生也是如此,他们不了解自己能够做什么,也不知道自己真正想做什么。刚刚踏入社会时野心勃勃,充满玫瑰般的梦想,但是过了而立之年,依然一事无成,于是变得沮丧和颓废,甚至麻木不仁。

因此,人的一生必须要为自己的职业做出三项最重要的决定,这些决定将深深地改变你的一生,对你的幸福、收入、健康以及人生意义产生巨大的影响。尤其是在当今的职业竞争已经从学历、能力朝着更广阔的领域在延伸时,心智的发展要是落后于那些看得见的标准，那么个人的成长也将是歪斜的，靠这种残缺的竞争力去争取职业保障，说句实话，你真的会有信心吗？

在今天的商场，要想获得高额回报并且甩开竞争者，就得提高产品和服务的附加值。这条规则在职场同样有效，拿多少钱做多少事的年代早就过去了。竞争迫使你不得不去思考自己的附加值是什么，这是好事情。

如果你总是能把分内的事做得保质保量，却总是因为没能获得更多的发展空间而困惑，建议你想一想，除了自己分内的事，你还应该做些什么？对你的老板来说，一个有着更高附加值的员工意味着效率、价值和榜样。而对你来说，它意味着机会、成长和实力。用不着抱怨什么，其实没有什么可以阻挡你，只要你的表现能够超出老板的期望。

所以，在你打算推销自己之前，最好先搞清楚老板对你的期望值。如果你是管理者，率领团队达成目标似乎是理所当然的，月月如此，你自然物有所值。要是你还能训练员工、激励员工、营造高效的工作氛围，那就身兼领队、教练和队长的角色了，自然就是物超所值。想一想，做老板的通常会选择哪一种人？

如果你是职员，把工作做好，帮上司“救火”，那些只是你分内的。懂得自我教育、始终保持成长、主动沟通、积极合作的人，才是物超所值、有竞争力的员工。目前很多公司聘人的标准已经从原来看学历、看技能、看资历，到现在看态度、看价值观、看综合素质。

而在商场，成功的商人都会考虑提供物超所值的产品和服务给他的客户，成功的商人知道这是客户渴望得到的，也是他能够提供给客户的。毕竟，商人需要客户远甚于客户需要商人。“我们能为客户做什么”的想法，指导着每一个成功商人的策略。

第五章 持有为自己工作的心态

一荣俱荣，一损俱损！将身心彻底融入公司，尽职尽责，处处为公司着想，对投资人承担风险的勇气报以钦佩，理解管理者的压力，那么任何一个上司会视你为公司的支柱。

你为谁而工作

赵文和李汉成同在一个车间工作，下班铃声响起，李汉成都会是第一个换下工作服走出厂房的人，而赵文则总是最后一个离开，他会十分仔细地做完自己的工作，并且在车间里走一圈，确定没有问题才关上大门离开。

有一天，他们两个在酒吧喝酒，李汉成对赵文说："你让我们同伴很难堪。"赵文有点不解。"你让老板认为我们不够努力。"李汉成看了看赵文又说："要知道，我们只不过是在为老板打工，不值得这么卖命。"

"是的，我们是在为老板打工，但是我们也在为自己打工。"赵文肯定有力的回答让李汉成有些惊讶。

没过一年，赵文就被升为车间主任，现在已经是公司生产部门的经理了。

一个人有没有成功的机会，不在于他处在什么样的环境、干什么工作，关键在于他用怎样的心态来对待环境、对待工作。这是一个很常见的问题，正是因为它的平常，所以常常被很多人忽视，这就是人们本性中所包含的惰性所致。所以我们在工作中，应该以良知做事，不要让惰性占据了心灵。

在工作中，无论我们做什么，我们都要对自己严格要求，都应该认真工作，我们不能自己放纵自己，不要老板一转身就开始偷懒，没有人监督就不工作。如果我们不注意这点，在工作中就不会得到锻炼自己能力的机会，我们的能力就不会得到提高，加薪升职的事也不会落到我们的头上，只有对工作勤奋负责，才会有所发展，才能在工作中实现自己的价值。

罗尔在一家贸易公司工作了一年，由于不满意自己的工作，他忿忿地对朋友说："我在公司里的工资最低，老板一点也不重视我，如果再这样下去，总有一天我要跟他拍桌子，然后辞职不干。"

"你对公司的所有情况都非常了解吗？"他的朋友问道。

"没有！"

"大丈夫能屈能伸！我建议你先静下心来，认认真真地对待工作，好好地了解现在的公司，把公司的经营技巧、销售方式等具体事务都弄懂了，再走也不迟，这样做岂不是既出了气，又有许多收获吗？"

罗尔听完了朋友的建议，一改往日的散慢习惯，开始认认真真地工作起来，甚至下班后，还留在办公室研究商业文书的写法。

一年之后，那位朋友又遇到了罗尔。

"你现在各方面的知识、能力都提高了，公司的经营技巧、销售方式也都知道了，可以拍桌子不干了吧？”朋友微笑着问道。

“最近半年来，老板对我刮目相看，许多重要的任务都交给我，又升职，又加薪。说实话，现在我已经成为公司的红人了，也不想离开这个公司了。”罗尔满意地说。

听到这话，他的朋友爽朗地笑着说：“当初你的老板不重视你，是因为你工作不认真，又不肯努力学习；后来你痛下苦功，担当的任务多了，能力也加强了，他当然会对你刮目相看。”

有许多人和罗尔一样，都是为了薪水、为了老板而工作，却没有意识到，为他人工作的同时，也是在为自己工作。一个人所做的工作是他人生态度的表现，一生的职业，也是他展示理想的所在。所以，了解一个人的工作态度，在某种程度上就是了解他本人。

明白这一点很重要，因为它有助于人们解除困惑，调整心态，重新燃起工作激情，使人生从平庸走向杰出。

其实，在工作中，我们应该有一种空杯的心态，也就是说，不管做任何事，我们都要调整自己的心态，让自己能够回归于零。在这里我们所说的回归于零就是要把自己放空，抱着学习的态度，将每一次任务都视为一个新的开始，一段新的体验，一扇通往成功的机会之门。在工作中，我们千万不要犹豫不决，做什么事都心不甘情不愿，如果我们这样下去，于公于私都没有好处。

人生只有一次，不仅为了基本的生理需要与安全需要而生活，我们还应该为更高层次的需要而更好地生活，工作是我们生活的主要内容之一，工作的质量往往决定着我们的生活质量，工作不仅是付出努力以达到某种目的的渠道，还是一个施展自己才能的舞台。我们寒窗苦读所换取的知识、我们的应变力、决断力、适应力以及协调能力，都将在这个舞台上得以展示。

可以这样说，除了工作，没有哪项活动能提供这种充实自我、表达自我的机会，因此，工作不仅是为了他人，也是为了我们自己。

善待你的工作

在我们职业生涯中，无论我们从事什么样的工作，首先要做的是将自己所负责的工作做好，然后再考虑其他问题。我们每天都要给自己一个获得晋升的机会，我们能在平常的范围之外，从事一些对其他人有价值的服务。我们应该明白将工作做好的目的并不是为了获得金钱上的报酬，而是为了训练和培养更强烈的进取心。老板所交付的任务能锻炼我们的坚强意志，上司分配给我们的工作能发展我们的出众才能，与同事的合作能培养我们的人格魅力，与客户交流能训练我们的品性。

我们也不要担心自己的努力会被忽视，当我们全心全意地工作时，相信我们的上司已经注意到了。也就是说，无论做什么事，都必须竭尽全力，无私敬业。工作中的每一件事都值得我们去做，而且还要专心地去做。卢浮宫藏有一幅莫奈的油画，画的是女修道院厨房里的场面。画面上正在劳动的不是普通的人，而是一群天使。一个正在炉上烧水，一个正在优雅地提起水壶，另外一个穿着厨娘的服饰，一只手去拿餐具。这一系列的人物举止，正是日常生活中最平常的劳作，天使们却做得全神贯注、一丝不苟。他们处处都以主动尽职的态度工作，即使就是烧水这样最为平凡的工作，他们也能以主动尽职的态度去工作。如果我们也能做到这一点，即使是从事最平庸的工作也能为个人带来荣耀。

现在的世界聪明人实在是太多了。只要一提起工作，大多数人总是认为工作是越少越好，干活越偷懒越轻松。其实，这些“聪明人”想错了。因为在很多时候，我们是可以从工作业绩上来认识自我的。

当然，我在这里所说的工作，并不是狭义的工作，而是广义的，不是仅仅局限于某个方面，而是包含了所有的工作。为什么这么说呢？要想正确地认识自我，一定要正视自己身上有损人格魅力的弱点。一个人格健全的人，应能和现实环境保持良好的接触，对环境能作正确的、客观的观察，并能作快速的、有效的适应。对于生活中的各项问题，能以切实的方法去加以处理，而不是企图逃避。很多人并不是被工作累坏的，而是被自己这种逃避工作的心态拖垮的。一件简单的事情，如果你不想去做它，那么，不管它是多么轻松，你也会把它当成一种沉重的负担，久而久之，即使你什么事情都不做，你都会觉得累。其结果就是你变得越来越懒散，心情郁闷，四肢乏力，到最后，你甚至会觉得活着本身就是一种负担。

一个真正的聪明人是会善待自己的工作的。他们能够正确认识自己的长处，又能容忍自己某些方面的短处。当然每个人都会努力谋求自身的发展，也会希望增进本身的各项品质，使自己趋于更完美的境地。但是，我们每一个人都不是尽善尽美的，也各有其短处或缺陷，其中有一些可能是无法补救的，或者是只能做有限度的改善。在这种情况之下，能够正确认识自我的人就能泰然接受那种缺陷，而不会以此羞愧。这样他就无需花费气力及精神，在别人面前做掩饰工夫，或采取其他防卫行为，这样他才可能集中全力来发展自己。只有这样，这个人才会让自己忙起来，在忙碌中体会生命的力量和工作的愉悦，忙人才是快活人。他对于自己的工作如此之快乐，以至于没有空闲的工夫来诉说自己是怎样的劳苦，我们也就不会听见他有什么抱怨。喜欢发牢骚的总是那些没有做什么工作、而又喜欢干着急的人。他之所以痛苦并不是因为工作本身，而是由于自己着急。

美国西北大学校长沃尔特·司各托说："如果一个人一天做完事下来很有成就感，那么不管这一天的工作有多么辛苦，他的内心都是舒适和满足的。反之，如果一天下来无所事事，没有成就感，即使这一天过得再清闲，他的内心都是焦灼而失望的。要是一个人对工作怀着浓厚的兴趣，觉得战胜工作的困难就是一种快乐，那么，与那些把工作看成一种负担的人相比，不仅不会觉得疲倦，反而要觉得轻松一些。"

你应该比你所能做的还要多做一点。把这种过多的工作作为一种刺激，让自己尽力做好所能做的事情，这样做你就会有一种满足的感觉，觉得你又得到了许多。如果你认为自己工作压力太大，需要处理的事务太多，就会因此急躁不安，把自己的精力完全用在着急上，而不是用在工作上。你完全可以把工作当成一件好玩的事。如果你有足够的工作要做，那么，你是快活的，相反，那些没有事干的人才是可怜巴巴的。

有时候，如果你的同事性情懒惰，这对于你来说反倒是件好事，因为你可以借此获得多做事的机会，这可以产生一种意想不到的结果。但是有一种情况，你不要把这种心态拿去与你的上司相比，这是为什么呢？你不要认为上司整天只是打打电话，喝喝咖啡而已。实际上，他们只要清醒着，头脑中就会思考着公司的行动方向。一天十几个小时的工作时间并不少见，所以不要吝惜自己的私人时间，一到下班时间就率先冲出去的员工不会得到上司喜欢的，即使你的付出得不到什么回报，也不要斤斤计较。任何工作都存在改进的可能，抢先在上司提出问题之前，已经把答案奉上的行动是最深得上司之心的，因为只有这样的员工才真正能减轻上司的精神负担。你把完整的工作交到上司手上，他就不用再为此占用大脑空间，可以腾出时间来思考别的事情了。

比他人早一点上班，晚一点下班

提前上班，别以为没人注意到，老板可是睁大眼睛在瞧着呢！如果你能提早一点到公司，就说明你十分重视这份工作。每天提前一点到达，可以对一天的工作做个规划，当别人还在考虑当天该做什么时，你已经走在别人前面了！

晚点下班，将今天的事情做个彻底干净的了结，将明天要做的事事先做个准备，如此你又先人一步，工作条理更加清晰。

每天多一些努力，每天多做一点事情，短时间内可能看不出结果，但只要你坚持不懈，不仅个人的能力会得到提升，同时也是在为随时可能降临的机遇准备能量。聪明的人做这些的时候不是做给领导看的，他们在自己的努力中不断地积累经验，增加自己知识的容量，这些人永远走在别人的前面。领导的眼睛并没有被什么蒙蔽，他可能看不见别人的努力，但他不可能不知道谁的能力在不断提高，领导的心是明亮的，这些人的努力会得到承认。

王林在一家公司做秘书工作。他的工作其实很简单，就是整理、打印、回复一些文件资料。他的工作像你想像的一样单调而乏味，但王林并没有这样认为，他为自己刚毕业就有能在这样大的公司做事感到自豪和满足。

他说：检验工作的惟一标准就是你做得好不好，没有别的。他工作很努力也很上进。

王林很快熟悉了自己的工作，也在工作中发现了很多问题。此时，他没有象别人一样拿着这些问题找他人重改，而是自己每天改正这些问题。为了能让自己手上过的文件和资料少犯点错误，他每天都要学习一些自己专业外的东西，做着本来可以由别人负责任的工作，他还分析整理了很多相关资料，并提出了自己的建议。为此，他每天都要超时工作几个小时，但他没有抱怨，他很努力的做着这些。

当他把这些资料交给经理的时候，经理很是吃了一惊。这个刚刚毕业的秘书，居然有这么大的能量，他能把公司的问题分析得井井有条，细致入微，其中还有几条建议甚至经理本人也没有想到过，资料里居然大部分的建议都是公司的一些症结之所在。

经理当然很高兴，他觉得这样的员工才是最好的员工！随即，经理召开了公司会议，提拔王林做一个部门经理。当那些在那里工作了很久依然没有得到重用的人向他讨教经验的时候，王林说："其实我真的没什么秘诀，我只是每天都让自己进步一点点，努力一点点，多做一点点。"

是的，只那么一点点，但是做到的人又有多少呢？

所以说，对待工作，如果把什么都算得那么清楚，可能眼下能够让自己心里得到点平衡，但最终受害的不会是老板，而永远是你自己。相反，那些从不计较什么的人，往往是得到最多的人，这就是每天多做一点努力的真正意义。

卡洛·李尼斯先生最先为瓦特工作时，职务很低，现在已经成为瓦特先生所属一家分公司的总裁。之所以能如此快速升迁，秘密就在于退后下班。李尼斯说："在工作之初，我就注意到，每天下班后，所有的人都回家了，但瓦特仍会留在办公室里工作。因此，我决定下班后也留在办公室里。是的，的确没有人要求我这样做，但我认为自己应该留下来，在需要时为瓦特先生提供一些帮助。""当时瓦特先生自己找文件、打印材料，很快，他就发现我随时在等待他的召唤，并且逐渐养成招呼我的习惯……"李尼斯先生这样做获得了报酬吗？没有。但是他获得了更多的机会，使自己赢得老板的关注，最终获得了提升。

热爱你的工作

一个人只有热爱自己的工作，才能成功，那些对工作不热爱的人，是很难获得成功的。美国著名的成功学大师拿破仑·希尔曾这样评价："要想获得这个世界上的最大奖赏，你必须拥有过去最伟大的开拓者所拥有的将梦想转化为全部有价值的献身精神，以此来发展和销售自己的才能。"

当人们对自己的工作并不真正感兴趣的时候，他们会变得野心勃勃。野心是一种伪装的动机，它假装有热情在其中。一些人喜欢控制别人，便是因为他们没有做自己最感兴趣的事，所以试着找些替代品来自我满足。你可以轻易地分出野心与热情的区别，只要你询问一个人这份工作没有金钱的回报他还做不做就可以了。如果人们对一项工作有热情自然会全力以赴，不管是否有回报。

黑格尔曾说过："没有热情，世界上没有一件伟大的事能完成。"这的确不假，热情可以激发创意，迸射智慧；热情可以促使人们产生对成功的强烈期望，并蕴育无数的创意。也就是说，只要我们拥有了热情，即使是相当棘手的问题，我们也能想办法解决。

成功者都有一个理由，就是应该热爱自己的工作，工作应该快乐。对于这种想法，热爱工作和快乐工作当然是件好事，但是，工作和游乐是不同的。我们应该把游乐中的“没有责任的快乐”和在工作中产生的“负责的快乐”严格区分开来，因为在工作中根本不可能产生游乐的快乐。在现实中，工作一般都是平实严格的，在这个过程中，如果没有贯彻到底的工作热情，就不可能取得让人满意的成果。一切都率性而为，就不可能分享成功的果实，只有“贯彻到底”的决心才会把工作引向成功，成功必然带来喜悦，工作也就自然而然地成了一件快乐的事了。

换句话讲，工作的快乐实质上就是不断克服各种各样障碍的成就感。在这个过程中，人必须时时面对困难的挑战，冥思苦想，思考应对的策略，能否坚持，其关键就在于是否有充分的热情。无论我们的目标是什么，只要我们对工作充满热情，我们就会对自己喜欢的事情全神贯注。我们的热情就会像流水般一样扩散出去。当我们全神贯注在自己的兴趣上时，我们就会忘记周围的一切，沉浸在幻境中。等工作完成时，我们会感到心灵的宁静与安详。当我们专注于工作时，我们就像是在冥想一样，我们会忘了自己是谁，有关我们工作的创意就会四处涌来。这就好像一个推销员，虽然他只有有限的专业技术和不多的专业生产知识，但如果他有感人的热诚，那么，比起那些有良好的技术、但缺乏热诚的人，他的销售额肯定要多得多。

在寻找自己的兴趣之前，我们首先需要知道发挥热情的重要性,否则就难以坚持到底。如果不培养自己的能力,我们的生活就会充满挫折感,我们永远也不会感到激动和快乐。那些发挥自己热情的人是我们所认识的人中最幸福、最完美的人。那些一味追求金钱和地位的人永远也不可能使自己心平气和，他们是永远无法满足的人。一旦他们实现了目标就会感到空虚,因此他们便努力地向更高处爬,去获取更多的金钱。

当然，在我们追求热情的时候，我们其实也就是在追求高效率。这也就是我们经常说的要高效率地工作。那么,我们如何才能真正做到“高效”呢？这其实有三个方面需要注意的,就是顺序、时间和充实。

我们首先来讲顺序。我们在这里所提到的顺序就是指我们每天都有新的任务,要做的事情堆积如山,在这样的情况下,我们就要把事情进行排序,把最要紧的事尽快筛选出来做完,然后再去做次要的，依次类推，我们就能在自己的脑海中排出工作的先后顺序。

不过,不一定只有重要的工作才必须优先处理;有些事情,虽然并不重要但短期就可以处理好,这种工作也可以优先处理。不管怎样,最要紧的是排好工作顺序,这是有力开展工作的第一步。

其次就是时间。在排定顺序之后,紧接着要决定的就是工作所需的时间。是两小时,还是三天,抑或一周？是否可以在空余时间处理完某些简单的工作？

在分配好时间之后,就要严格遵守,但无须“严守”,可以根据实际情况更改时段或时间长度。

再次，就是怎么使工作更加充实。在排好顺序、分配好时间之后，如果做的只是一些杂事，那也意义不大。只有做到给一回三，给五回八，他的工作才会有更大的价值。

要做到以上三个方面，当然需要相当大的热忱，而且，还要贯彻到底，有这样的热忱，才可能排好顺序，有效地分配时间，获取充实的业绩。

所以说，我们想要对什么事热心，就要学习更多目前我们尚不热心的事。我们只有对我们所做的事了解越多，我们才越容易培养兴趣。这是帮助我们建立对某种事物热心的重要一环。

不要为了薪水而工作

公司是老板造的船，老板和员工已经坐在那条船上，船一旦沉没，老板和员工都不能幸免于难。只有做一名优秀员工，为公司创造更多的效益，保证你们的船能够继续在海上航行，才是最明智之举，因为只有知道工作不仅是为了老板，更是为了自己幸福的人，才是最聪明的人。

不要只为了薪水才工作，你应该从心里这样认为：我是在为我自己工作。是啊，我们都在为自己工作。如果你的心里并没有这种想法，那么，你的工作只会让你陷入苦海。

张雷在一家公司工作了多年，可是久未得到重视，他感觉工作让他精疲力尽，而且还没有回报。有一天，张雷和好朋友杰谈论起这个问题，张雷忿忿地说道："我要离开这个公司。我恨这个公司！"杰听完张雷的抱怨，给了他一个建议："你们公司的确太剥削人了，难怪你老是闷闷不乐，我赞成你离开公司。但现在不是离开的最好时机，你应该有所准备了再走。"张雷有些不解，杰接着说："你现在手里的客户还不多，如果你现在走，公司的损失并不大。你应该趁着公司给你接触很多客户的机会，拼命为自己拉一些客户，成为公司独挡一面的人物，然后带着这些客户突然离开公司，公司才会受到重大损失，非常被动。这样做你既能够报复公司，又能给自己的下一份工作奠定基础。"聊天之后，杰就去了外地出差，他们一直没有见面。

张雷思量着杰的话，越想越觉得这种做法对自己很有利，于是就按杰说的话去做。将近一年的努力工作后，事遂所愿，他有了许多忠实的客户。他和杰再一次见面时，杰对张雷说："现在是时机了，要赶快行动！"张雷却笑着说道："老板前几天和我谈过了，现在的销售部总经理已经提出辞职，老板准备提升我，下个星期就能上任，那可是个销售部人人都想坐的职位啊，我暂时没有离开的打算。”

在这个事例中，张雷没有意识到工作不仅仅是为了老板，而且还是为了自己。一个人如果在工作时能够拿出主人翁的精神，就能调动自己的积极性和热情，而且事实上我们也的确是为自己而工作。就像张雷一样，当他觉得自己工作是为了自己后，业绩就像雨后春笋般地成长起来。对于能够给公司创造效益的员工，老板为了赢得人心和鼓励员工，肯定会给予他一定的报酬，因为市场竞争中找工作难不仅是打拼在职场里的从业人员面临的问题，老板之间、公司之间的竞争也是非常激烈的，人才的网络也是竞争的一部分，公司能够稳步地发展和前进，靠的是大家集体智慧的结晶，只要是能把工作做好的员工，老板不会忽视他们所能带来的各种效益。

员工心里有一些负面的思想，总是觉得自己和老板同样努力工作，同样给公司创造效益，可是获得的报酬比起老板的收获来说要少很多。对于这个问题的回答，我认为有三点：

第一，没有正确地看待自己工作的性质和老板的角色。为什么这么说呢？因为从风险的角度考虑，老板的风险要比员工的风险大得多，别看老板挣钱时风光无限，假如一不小心翻了船，很多问题就凸现了出来，银行等各种各样的债主就会找上门来要债，本来看似有很多的动产不动产，一下子就可能灰飞烟灭，而员工呢，虽然也遭到损失，但比起老板来说要小很多。

第二，就是从投资获利的角度来看，投资多的人自然应该拿到更多的钱，毕竟公司运转的资金是老板的钱，投资多的人获利也应该多。现在的雇佣关系越来越趋向于合作式关系，很多对公司做出一定的贡献或者有很强工作能力的员工，逐步获得公司一些股权和红利。这样一来，很大程度上显现了资本的类型不只局限在单纯的金钱投资上，技术和能力的投资也是一种资本。现在这种现象很普遍，很多员工虽然起初身无分文，但却能够凭着技术和能力作为自己独特的资本，在公司赢得一部分的主动权。技术就是一种投资，这种投资只要能给公司带来更多利润，自然就会获得更多的报酬。

第三，就是心态的问题。我们不能否认，在老板和员工之间，员工处于弱势的状态，在雇佣过程中，不乏有一些员工的劳动利益被老板无情地吞噬。当遇到这种情况时，很多人心理的不平衡就凸现出来，这样就会严重地打击工作积极性。那么怎样应对这种问题呢？首先必须搞清楚的是，如果你因为不公平的待遇而消极怠工，工作质量下降的你必然会遭到老板的不满，最后受伤的将会是你。其次，劳动关系的确定是具有双向性的，假如你真的具备足够的能力，但却迟迟没有得到重视，离开也是一种选择。这里我强调的是“真的具备能力”和“迟迟没有得到重用”，因为这两个条件对员工很重要，一层是员工对自己能力的正确认识，确保能找到更合适的工作，二层是适当给老板一些时间和机会来认识你。或许老板对你有误会和别的看法，如果能消除这种误解那也不失为一种选择。当然了，假如你确实碰上了不讲公平的老板，已经给了老板足够的空间和时间，但还是没有任何回应，那就潇洒地去寻找自己的发展吧！

假如能够辩证地看待以上这些问题，你肯定就能解决一个心理问题:自己工作不单纯是给老板创造效益,主要还是为了自己;也能辩证地看待为什么老板要比自己获益更多的问题。写到这里,我想你可能有一些想法,就是我怎么好像有些偏向于老板。其实,这是因为在你的潜意识里,长期认为老板就是剥削阶层,那么,你不妨试图按照我以上所说的想一下,试图改变一下你的工作态度,本着为自己工作的态度去上班,我想这不仅能极大地提高你的工作质量和效率,也能平衡心中那些不公平的想法,获得心灵的轻松。

工作让你拥有成就感

一个人只要通过自己的努力办好一件事情,不管大事还是小事,都会给自己带来一种强烈的成就感。如果所拥有的东西并不是自己亲手创造的,在拥有时可能快乐,但是,缺少了一种感觉,那就是成就感。

想一下你身边那些为人父母的,当看到自己的孩子通过自己艰辛的抚养和教育长大后获得一些成就时，他们脸上不自觉地就洋溢着一种成就感，即便是那些初为人母、初为人父的年轻父母，看到自己的孩子在自己的引导下学会说话、学会走路，成就感就会流露出来。在踏入社会之前，我们主要的任务是学习，那时，哪怕是一次考试比上次考试进步了一点，只要是通过努力实现的，心里也会有成就感。工作也一样，每一个细节的实现都会给人带来满足和成就。

工作成就感的来源有很多因素，老板和员工都会有这种感觉，在对待薪水这个问题上，因为员工能努力工作，老板自然给员工开高薪，这时，不仅仅是员工有工作成就感，老板也有工作成就感。能开高薪水证明他所领导的公司有不错的经济效益，这难道不是一种成就感么？所以，从这方面说，想要提高自己的薪水，把工作做好，这既让老板对你有好“薪情”，老板和你又都会有成就感，这又何乐而不为呢？

工作成就感还不仅仅来源于薪水，由于你因为工作实现了自己的理想，或者是因为你的工作给别人带来了快乐，也会有巨大的满足感。

其实，观察我们的身边，有很多这样的例子，尽管工作岗位普通，收入不高，可是他们却因为自己的努力工作而感到快乐、满足。

假如一个人没有在自己的工作中获得成就感，那就代表这个人将会面临危机。首先，成就感不一定需要你做了多大的事，很小的一件事情，别人做不到，而你做到了，那肯定就会有成就感。某些时候，没有成就感的原因，很大一部分原因是由于没有认真地、尽力地去工作，如果一直坚持认真地工作，是绝对不会没有成就感的，不管是多么平凡的工作，只要全心全意地去做，把自己最好、最优秀的一面呈现出来，就会让自己或别人得到一定的收获，怎么可能没有成就感。其次，忽略自己工作的价值。存在这种思维的误差，就是因为轻视自己的工作，轻视自己的职业，认为别人的工作都非常好，而自己的工作没有意义。

一个人想要在工作上有所成就，源于很多因素，想象力、创造力，再加上辛勤的汗水，这些条件缺一不可。所以，当你努力把某一件事情做好时，获得的那种成就感要比获得的物质奖励兴奋得多。不仅能得到别人的承认，更主要的是自己变得更加自信，让别人欣赏自己，不如自己欣赏自己。我们不要忽视这种力量的存在，它能带动你的积极性，它能促使你在今后的工作中更加努力。

成就感有时候也可以说成是荣誉感，这两种感觉时常夹杂在一起，但是有一个共同的前提，就是你为此肯定付出了艰苦的努力。赛场上的每一个运动员，当我们看到他们为了国家的、自己的荣誉奋力拼杀时，不禁为之动容。很多运动员在很小的时候就跟着自己的教练训练。体操队里，大部分都是不到 18 岁的大孩子，那个年龄段的孩子很多都还在父母怀里撒娇，可是他们很早就接触到了荣誉感，这种国家和个人的荣誉感。通常，那些在学校上学的孩子也有个人荣誉感和成就感，但是很少涉及到国家荣誉感，因此，为国家和个人荣誉而去奋斗所带来的那种成就感，那种奋力争取成绩的精神，那种不怕吃苦、艰苦训练的精神，我们可以在运动员身上看见。

有人说，成就感是快乐的催化剂，没错，成就感就是能够让一个人心情愉悦。所以，能在工作中获得成就感的人也是一个快乐的人。当你时常能为自己的工作而感到自豪时，你就是一个永远快乐的人。为什么说永远快乐呢？因为工作伴随我们一生很长的时间，每一个收获，即使是你因为一天的工作解决了一个难题，或者是你按质按量地完成了自己当天的工作，就会具有成就感，能做到这样的人一定是一个优秀的人。这样，你就能每天都得到快乐。而且，这样一个优秀的人，即使在退休之后，他也能找到一个在那个年龄段里应该做，而且能体现价值的事情。

第六章　应持有这样的职业心态

工作是人的天职，履行这个天职最为重要的是要有相关的技能，就像猫一定要学会抓老鼠一样，如果没有好的工作态度和技能，就无法履行你的天职，也就无法成为你自己了。

端正你的工作态度

在企业里，如果你掌握了必要的工作态度和技能，就能提升自己在老板心目中的地位。随之，你会频频出现在企业里的重要会议上，甚至被委以重任，因为在老板心目中，你已经变得不可替代了。

作为个人来讲，不管你选择什么样的工作，你都应该全心全意、尽职尽责地去完成，不把工作当成儿戏，也不要把工作当成为了五斗米折腰的事情或是升官发财的手段。当你在工作的时候，你要明白，工作是赋予生命意义的重要元素。当你全心全意投入所从事的工作时，好处自然会随之而来。不管你从事何种工作，都要端正你的工作态度，都要不断培养你的工作能力，并注重你在工作中的个人行为。

成功与你对待工作的心态是成正比的。如果你具有良好的心态，全力以赴，把全部精力都投入到工作中，就一定会有所成就。

在我们的工作中，我们一定要端正自己的工作态度。当我们抱着积极的心态，去面对身边的每一项工作，我们就会发现，每一件事情都对自己有着深刻的意义。也就是说，我们要看一个人是否能做好事情，只要看他对待工作的态度即可。一个人不管从事什么职业，都应该尽职尽责，尽自己最大的努力，把工作做好。而一个人的工作态度，又与他本人的性情、才能有着密切的关系。一个人工作的好坏，所体现出的是他的工作态度如何。人如果没有了事业和理想，生命就会失去意义。一个人的工作态度是积极向上的，就表明他的志向、理想和责任是他完成自己的一个生命过程。所以说，无论你身居何处，即使在贫穷困苦的环境中，如果能全身心投入到工作中，尽职尽责，忘我工作，最后就会获得成功。那些在人生中取得成就的人，一定在某一特定领域里进行过坚持不懈的努力。

对于工作的不同态度，可以造成不同的工作作风。你可以充满激情地去工作，也可以消极冷漠地去工作；可以快乐地工作，也可以痛苦地工作；可以乐观进取地去工作，也可以无奈地去工作。把工作做好做坏，如何去做，这完全在于我们，这是由于对工作态度选择的不同而造成的。

在工作中职业化态度之所以受到如此的重视，就是因为很多公司的管理者发现，很多“团队白痴”虽然受过高等教育，可思维方式、待人处世和行为言谈却如同低能者，如果任其发展，迟早会让整个组织变成“白痴团队”的。因此，除了学历、证书、技能之外，职业化态度正在成为职业竞争力最为重要的部分，被越来越多的公司作为评判员工是否优秀的基本要素。

当然了，一个人的能力也是很重要的，钢铁大王卡耐基曾经说过:“大多数人一般只花费了25%的精力和能力在工作上。如果有人能投入50%以上的能力在工作上，他几乎可以赢得全世界人的敬意了。至于能够100%全身心投入工作的人,恐怕在这个世界上找不出几个。”

你对自己的能力、地位、重要性和社会角色的评价,将会在你的表情上显现出来,将会从你的行为举止中显现出来。

我们无论从事什么样的工作,都要培养起自己坚持不懈、不怕打击的抗挫能力。如果一个人意志极为脆弱,决心也不坚强,那么,他一遇到困难就会目瞪口呆、沮丧气馁。在我们的身边,同样看到有这么一群人，他们刚开始的时候兴味盎然地准备大干一场,可是,在他们干的过程中,往往是遇到一点困难,结果就放弃了。这些人的失败,往往就是因为意志不坚定而造成的。从他们的身上我们可以看到，这些人的想法总是在不断地变化，最终也未能成就梦想。

尽管尺有所长,寸有所短,一个人的能力也不同,但是,我们要认识到,不管我们的人生之路是多么的荆棘密布,但我们也绝不能容许自己的信心有一时半刻的动摇。我们要坚信,无论前方的路有多么的艰难,我们也能克服,我们也有坚强的信念去征服。许多人之所以把工作做到一半就偃旗息鼓了，其原因在于他们表现出了沮丧低落的情绪,从而使周围的人们对他失去了信心。

美国第30任总统卡尔文·柯立芝曾经说过:“世界上几乎每个人都有自己擅长的方面,人们之所以会失败,是因为他的才能没有得以充分地发挥。”

每个人都拥有极大的潜能,但是有些能力却从来没有发挥过。不能得以充分发挥的能力可能很快就成了不合时宜的老古董,并且会随着时光的流逝而生锈,甚至会永远也找不回来。只要我们充分发挥自己的潜能，全力以赴，必然能够为自己创造出更多的机会。

对待工作就是对待生活

作家罗斯·金曾这样说:“只有通过工作，才能保证精神的健康;在工作中进行思考,工作才是件快乐的事。”调查表明,许多员工在与他人谈起自己的工作时，总是会心不在焉。如果一个人鄙视、厌恶自己的工作,那么他必遭失败。引导成功者的基石,不是对工作的鄙视和厌恶,而是真挚、乐观的精神和百折不挠的毅力。工作不仅是为了满足生存的需要，同时也是实现个人人生价值的需要。工作所给你的,要比你为它付出的更多。如果你将工作视为一种积极的学习经验,那么,每一项工作中都包含着许多个人成长的机会。一个人总不能无所事事地终老一生,应该试着将自己的爱好与所从事的工作结合起来,无论做什么,都要乐在其中,而且要真心热爱自己所做的事。

在一个公司中,你也许会觉得自己仅仅是一个不起眼的人物,在公司庞大的组织结构中默默无闻,会觉得任何员工都可以做你应该去做的工作,不管你的工作看起来是多么卑微,你都应当付之以艺术家的精神,应当有十二分的热忱。在任何情形之下,都不允许对自己的工作表示厌恶。厌恶自己的工作,最终也会遭到工作的厌恶。如果你为环境所迫而做一些乏味的工作,你也应当设法从这些乏味的工作中找出乐趣来。要懂得,凡是应当做而又必须做的事情,总能找出事情的乐趣,这是我们对于工作应抱的态度。有了这种态度,无论做什么工作,都能有很好的成效。

聪明的人知道,无论一个人的职业是什么,都无法降低自己的人格尊严,都不会对自己的地位有所影响。那些所谓的地位,只是虚荣者给自己设立的界限。无论你从事什么职业,都不要看不起自己的工作。

如果你认为自己的劳动是卑贱的,那你就犯了一个巨大的错误。工作本身没有贵贱之分,但是对于工作的态度却有好坏之别。如果一个人轻视自己的工作,将它当成低贱的事情,那么它就绝不会尊敬自己。因为看不起自己的人,往往会觉得工作艰辛、烦闷,工作自然也不会做好。这样下去,即使有一些让他们升迁的机会也会被悄然浪费。当今社会,有许多人不尊重自己的工作,不把工作看成创造一番事业的必由之路和发展人格的工具,而视为衣食住行的供给者，认为工作是生活的代价，是无可奈何、不可避免的劳碌，那他就活得最悲哀！

亚里士多德也曾说过一句让古希腊人蒙羞的话："一个城市要想管理得好，就不该让工匠成为自由人。那些人是不可能拥有美德的。他们天生就是奴隶。"罗马一位演说家说："所有手工劳动都是卑贱的职业。"从此，罗马的辉煌史就成了过眼云烟。

今天，同样有许多人有职业的偏见。认为自己所从事的职业是卑贱低微的。他们身在其中，却无法认识到那份职业的真正价值，只是迫于生活的压力而劳动。他们无法投入全部身心。他们在工作中敷衍塞责、得过且过，而将大部分心思用在如何摆脱令自己不满意的工作环境上了。这样的人在任何地方都不会有所成就。

是的，某些行业中的某些工作看起来确实并不高雅，工作环境也很差，无法得到社会的承认，但是，请不要无视这样一个事实：有用才是伟大的真正尺度。就像那些劳动工具一样，有些劳动工具被用来做一些比较好的工作，不会遭到风霜的洗礼，不会裸露于骄阳的暴晒之下，有些工具则被用来洗刷马桶，清除最脏的死角。这些工具都有他们各自的位置，都有其利用的价值，任何人都不能因否认它们的价值而舍弃不用。相反，人们在生活中永远都不会小视他们的价值。况且，用饭勺洗马桶极不合理也不可取。饭勺代替不了马桶刷这是千古不变的真理，这同时也是我们不能轻视自己职业的道理。

所有正当合法的工作都是值得尊敬的。只要你诚实地劳动和创造，没有人能够贬低你的价值，关键在于你如何看待自己的工作。那些只知道要求高薪,却不知道自己应承担责任的人,无论对自己,还是对老板,都是没有价值的。也往往有一些被动适应生活的人,他们不愿意奋力崛起,努力改善自己的生存环境。对于他们来说,公务员更体面,更有权威性;他们不喜欢商业和服务业,不喜欢体力劳动,自认为应该活得更加轻松,应该有一个更好的职位,工作时间更自由。他们总是固执地认为自己在某些方面更有优势,会有更广大的前途,但事实上并非如此。

如果一个人轻视自己的工作,而且做得很鄙陋,那么他决不会尊敬自己。如果一个人认为他的工作辛苦、烦闷,那么他的工作决不会做好,这一工作也无法发挥他内在的特长。与轻松体面的办公室人员的工作相比,商业和服务业是需要付出更艰辛的劳动,需要更实际的能力,但这不等于这样的工作就是卑微的代名词。只能说当人们害怕接受挑战时,会给自己找出许多借口来逃避现实。有些人在学生时代可能就非常懒散,一旦通过了考试,便将书本抛到一边,以为所有的人生坦途都向他展开了,他们就开始放纵起自己来。实事上,社会上有许多人不尊重自己的工作,不把自己的工作看成创造事业的要素和发展人格的工具,而视为衣食住行的供给者,认为工作是生活的代价、是不可避免的劳碌,这是多么的错误的观念啊!为此,莱伯特对这种人曾提出过警告:“如果人们只追求高薪与政府职位,是非常危险的。它说明这个民族的独立精神已经枯竭;或者说得更严重些,一个国家的国民如果只是苦心孤诣地追求这些职位,会使整个民族像奴隶一般地生活。”

工作本身没有贵贱之分,但是对于工作的态度却有好坏之别。

对自己尊重的人不会看轻自己的职业，不会对自己所从事的职业有任何异议。他们在生活的道路上，这些人永远都是人类的领军人物，永远都值得人们赞叹和感怀。他们能够独立生活，但并是一个拥有自己见解的人。

把工作做到最好

如果你既能专心致志，又能积极应对，那么最后你就应该去追求完美，你就应该去把工作做到最好。许多人在寻找自我发展机会时，常常这样问自己："做这种平凡乏味的工作，有什么希望呢？"可是，就是在极其平凡的职业中、极其低微的位置上，往往蕴藏着巨大的机会。只要你能把自己的工作做得比别人更完美、更迅速、更正确、更专注，调动自己全部的智力，使自己有发挥本领的机会，成功就指日可待了。

哈伯德说过，不要总说别人对你的期望值比你对自己的期望值高。如果哪个人在你所做的工作中找到失误，那么你就不是完美的，你也不需要去找借口。承认这并不是你的最佳程度。千万不要挺身而出去捍卫自己。当我们可以选择完美时，却为何偏偏选择平庸呢？我讨厌人们说那是因为天性使他们要求不太高。他们可能会说："我的个性不同于你，我并没有你那么强的上进心，那不是我的天性。"

有无数人因为养成了轻视工作、马马虎虎的习惯，以及对手头工作敷衍了事的态度，终致自己的一生都处于社会底层，不能出人头地。这是不敬业者可怜的结局。

事实上，只要我们认真工作了，每个人都能做到上司的要求。但是回想你以前做过的工作，难道每一件事都完美无瑕吗？漏洞也好，瑕疵也罢，总之，会有那么一点遗憾的。说到这里，我并不是说在我们的工作里不能出现一点点的问题，我也相信任何一个称职的领导都允许他的员工犯错误。我们要说的是，我们应该考虑周全、措施到位，留下的遗憾越少越好。然而在我们的生活中，正是由于很多员工在工作中疏忽、畏难、敷衍、偷懒、轻率等，结果造成了可怕的惨剧。

宾夕法尼亚的奥斯汀镇，因为筑堤工程没有照着设计去筑石基，结果堤岸溃决，全镇都被淹没，无数人死于非命。像这种因工作疏忽而引起的悲剧，随时都有可能发生。无论在什么地方，只要有人犯疏忽、敷衍、偷懒的错误，就必然会造成许多难以预料的灾难性的后果。如果每个人都能将自己的工作做到最好，许多麻烦就会消失。

有人曾经说过："轻率和疏忽所造成的祸患不相上下。"许多人之所以失败，就是败在做事轻率的态度上。毕竟没有哪个公司的老板会让你把事情做到100%的完美，他们知道这根本是不可能实现的，但他们需要你知道：如果你连公司的大门上有几个菱形的镂刻都很清楚，那么你的提升也就指日可待了。这就是说，完美是没有限制的，只要我们追求，只要我们尽力而为就行了。这同时也让我们看到了成功者和失败者的分别在于：成功者无论做什么，都力求达到最佳境地，丝毫不会放松；成功者无论做什么职业，都不会轻率疏忽。

再者，你工作的质量往往会决定你生活的质量。在工作中你应该严格要求自己，能完成百分之百，就不能只完成百分之九十九。不论你的工资是高还是低，你都应该保持这种良好的工作作风。每个人都应该把自己看成是一名杰出的艺术家，而不是一个平庸的工匠，应该永远带着热情和信心去工作，而不要满足于尚可的工作表现，只有力争做最好的自己，你才能成就自己。

工作是你的天职

职业生涯在一个人的生命当中永远是暂时的。职业以外的成功同样重要，家庭、朋友都是需要用心经营的。事业有成、后院起火的人绝对不会幸福。我常常说，等到自己退休的时候有这样境界就足矣：有些老本，有个老窝，有位老婆，有群老友。如此看来，只有第一点是事业成功直接带来的。

同样的在大自然中，每种动物都有自己的职责所在，忠心于自己的主人是狗的天职，抓捕老鼠是猫的天职，张网捕虫是蜘蛛的天职，采花酿蜜是蜜蜂的天职。上帝好像给每个物种都做了职责上的安排。人，作为万物的主宰、天地精英，同样被造物主赋予了神圣的使命和职责。人生在世，并不是为了吃喝玩乐，而是为了履行自己的使命和职责。如果你没有完成使命和职责，那就是失职。

1952 年 7 月 4 日清晨，美国加利福尼亚海岸笼罩在浓雾中。在海岸以西 21 英里的卡塔林纳岛上，一位 34 岁的妇女跃入太平洋海水中，开始向加州海岸游去。要是成功的话，她就是第一个游过这个海峡的妇女。这名妇女叫弗罗伦丝·查德威克。在此之前，她是游过英吉利海峡的第一个妇女。那天早晨，海水冻得她全身发麻。雾很大，她连护送她的船都几乎看不到。时间一个小时一个小时地过去，千千万万人在电视上看着。有几次，鲨鱼靠近了她，被人开枪吓跑了。她仍然在游着。

15个小时之后，她又累又冷，她知道自己不能再游了，就叫人拉她上船。她的母亲和教练在另一条船上。他们都告诉她离海岸很近了，叫她不要放弃。但她朝加州海岸望去，除了浓雾什么也看不到。几十分钟后——从她出发算起是15个小时55分钟之后——人们把她拉上船。又过了几个小时，她渐渐觉得暖和多了，这时却开始感到失败的打击。

她不假思索地对记者说："说实在的，我不是为自己找借口。如果当时我能看见陆地，也许我能坚持下来。"人们拉她上船的地点，离加州海岸只有半英里！查德威克一生中就只有这么一次没有坚持到底。

两个月之后，她成功地游过同一个海峡。

查德威克第一次横渡卡塔林纳海峡失败的原因是什么？这给你什么启示？这个故事给我们的启示是：一个人只有确立职业人生目标，才能活出精彩的自己。无论如何都要找出自己的兴趣爱好所在，要分析自己的性格倾向和能力特长。最后还要立足于自己目前的现实条件，将短期目标和长远目标结合起来，积极行动，为自己的人生目标不断创造理想的条件。

在现代欧美人的意识里，工作是一件被上帝所召唤、命令和安排的任务，而努力完成工作，是人类应尽的职责和义务，同时也是对上帝的恩召和感激之举。

然而，在现实生活中，我们为了完成自己的职责和使命，我们需要充分地认识到自己喜欢做什么和适合做什么。人有时为了感谢造物主对自己的殊遇，每日必须得完成造物主所安排的工作。按照上天的明确昭示，只有敬业劳作而非悠闲享乐方可增益生而为人的荣耀。

这样，虚度年华和鄙视工作便成了万恶之首，而且在原则上乃是罪不可饶恕。如果在世间履行我们对上帝和人类的职责，就需要对造物主赋予我们的所有能力进行深入的挖掘和培养。正是那些有关敬业、勤奋、忠诚的良知，使我得我们毕生履行对人类的职责和对上帝的回报。

然而，履行神圣的职责，首先需要尊敬、尊崇自己的职业。我们知道，在我们的人生历程中，对于我们的职业规划，我们都应该有 3 张财务报表，无论是“吃着碗里的，看着锅里的”升迁理论，还是专注地从事某项职业，都需要有一个良好的规划。只要我们认识到规划的重要性，一切就会变得非常的轻松。因为个人的价值观、兴趣与爱好以及能力和性格特征，这三者好像三角形的三条边，如果忽略了其中任何一条边，那么这个图形就无法稳定。

第二，要让自己的信仰与自己的工作联系在一起。在前文我们讲过，如果一个人以一种尊敬、虔诚的心态对待自己的职业，甚至对职业有一种敬畏的态度，我们说他具有敬业精神。但是，如果他的敬畏心态没有上升到视自己职业为天职的高度，那么，他的敬业精神还不够彻底，还没有掌握精髓。天职的观念使自己的职业具有了崇高的神圣感和使命感，也使自己的生命信仰与自己的工作联系在一起。只有将自己的职业视为自己的生命信仰，那才是掌握了敬业的本质和精髓。

第三，没有真正敬业精神的人是不会将眼前的普通工作与自己的人生意义联系起来的，更不会有对工作的敬畏态度，从而也不会对自己的工作产生神圣感和使命感。

敬畏职业，就像虔诚的教徒敬畏冥冥之中的神一样——我们世俗的生活，就需要这样的人生态度和生命信仰。

敬畏职业，因为工作就是你的天职。

认同你的工作

工作在我们的生活中占据了很重要的位置，也是支配我们生活的力量。工作不仅对个人有好处，对社会的发展也好处。我们不妨想一想，如果我们不工作了，我们将会怎样，如果我们不工作，我们如何能够得到社会的承认和认同？

一位心理学家为了实地了解人们对于同一件工作在心理上所反映出来的个体差异，他来到一所正在施工的大教堂，对现场忙碌的敲石工人进行访问。

心理学家问他遇到的第一位工人："请问你在做什么？"

这位工人无精打采地回答道："在做什么？你难道没瞧见吗？我正在用这个重得要命的铁锤来砸碎这些该死的石头，而这些该死的石头又特别地硬，把我的手震得酸麻不已，这真不是人干的工作。"

心理学家又找到了第二位工人，问的还是那句话："请问你在做什么？"

第二位工人满脸无奈地答道："为了每周500元的工资，我才愿意做这件工作。如果不是为了一家人的温饱，谁乐意干这份敲石头的粗活！"

心理学家又问了第三位工人同样的问题："请问你在做什么？"

第三位工人眼光中闪烁着喜悦的神采："我正在参与兴建这座雄伟的大教堂。落成之后，这里可以容纳许多人来做礼拜。虽然敲石头的工作很累，但当我想到将来会有不计其数的人来到这儿接受上帝的祝福，心中就感到特别有意义。"

为什么同样的工作、同样的环境，三位工人会有不同的感受呢？就是因为他们对自己的工作作出不同的认识，从而也就有了不同的工作态度，也就有了不同的价值体现。若干年后，这位心理学家在整理采访资料时发现了这段记录，忽然产生了强烈的欲望，很希望了解这三个敲石工人的现状……

他很快找到了这三个人，结果却令他非常吃惊：第一个敲石工人还是几十年如一日，依旧像从前一样在干着低级的工作——还是一个普普通通的建筑工人；第二个人开着机器在施工，他现在已经是一位司机了；至于第三个人，现在是一家房地产企业的老板——前两个人正在他的企业工作呢！

是什么原因造成了三个敲石工人不同的命运呢？原因很简单，因为态度是决定一个人前途的核心动力！员工一旦形成把工作当成事业的信念，在工作中就能获得更多的乐趣和收益，就会积极主动，就会早来晚走，加班加点，做出比别人更多的成绩，收获比别人更多的成果，提高比别人更大的能力。

这让我们明白，做好自己的工作是非常重要的。即使在工作的过程中，我们遇到了挫折，也不要抱怨自己的工作是多么的厌烦，如果我们能够静下心来想一想自己在工作中的乐趣，我们就感到自己是多么的幸福。我们也不要轻易放弃自己的理想，如果目前我们所从事的工作真的不适合，我们也可以在做过尝试和积累之后作出选择。

一旦我们从事了某种职业，就要努力去爱你所做的工作，要在工作中打起精神，不断勉励自己，训练自己，控制自己。在我们的工作中，我们要有坚定的意志，怀着深深地敬畏，不断地向前迈进。如果我们在工作中发现我们的工作也能给我们带来热情和兴趣，我们就要为自己祝福，因为找到了自己心爱的职业。如果这份工作没有给我们带来乐趣，没有给我们发挥才能的空间，我们也应该珍惜，因为我们对工作的勤奋和认真的态度将使自己在其他职业中同样受益。

学着在工作中寻找快乐

工作是我们每天都要面对的事情，一个人的一生中大概有三分之一的时间在工作。工作是为了生存,也是自我价值的体现。在占人生三分之一的工作时间里,我们应该以怎样的心态面对呢？我们就要明白：一个能够自我实现的人应该把兴趣与职业有效地融合在一起,做在其中,乐在其中。

无所事事的人生将是悲哀的人生,在公司中,要想成为一个优秀的员工,我们就必须把工作当成一件快乐的事,并且,还应该乐此不彼地把这份愉悦传递给别人，使其他员工愿意与我们交往和合作。这样我们的人生也将因为我们所从事热爱的工作而得到升华。这就是为什么会出现有人抱怨工作太累,有人开始工作不长时间就对工作产生了厌倦，也有人在工作中奋进着、努力着，同时也快乐着的原因。

我曾经在李伟的《庄严地工作》这本书中看到过这样一段话："乐观的人生是蓝色的，悲观的人生是灰色的。因此，在我们的工作中，我们一定要想办法培养起一批批乐观向上、生命力强的人。他们崇拜自己的职业，尊重自己的选择，并且有一个必然成功的信念。因此，对他们来说，无论他们从事什么样的工作，他们都能在工作中寻找到乐趣，都能感受到每项工作都是有意义的、快乐的。"一个能够实现自我的人，应该把兴趣与职业有效地融合。尤其是在这个工作节奏越来越快的时代里，我们打破了原有的生活规律，甚至也渐渐夺走了生活本身应有的幸福与舒适。

我们要在这样快节奏的工作缝隙中找寻生活固有的快乐，就需要我们在工作与生活之间认真地权衡把握，改变我们旧有的工作观念，因为我们的工作毕竟是为了我们更好地生活。

如果我们只是将自己的工作当作一种谋生的手段，当作是混一碗饭吃的差事，那么我们肯定不会去重视它、喜欢它，进而热爱它。但如果我们能够在自己的心灵深处将它看作是一种深化、拓宽我们自身阅历的途径，一种使我们的生存价值能够充分体现的生活方式的话，那么我们肯定会从心底里重视它、喜欢它、热爱它，从工作本身寻找到许多的乐趣和快乐。因为这样的工作给我们所带来的，已经远远超出了工作本身的内涵。也就是说，工作已经不仅仅是工作，它已经成为我们的一种生存方式，是我们对生活的一种生存方式，是我们对生活的一种英明选择，它已经成为我们生活的一部分，为我们构筑起丰富而有意义的人生。

可是有些工作并没有太多的人可以接触，而只是日复一日、年复一年地重复着同一件事情。任何一件事做多了总会烦的，总有一天你会怎么也喜欢不起的，这时候该怎么办？我想，下面的这个小故事也许对大家会有所帮助。

分类！统筹！计算！开票！包扎！这种一天要重复几百次的工作实在让人感到非常的繁琐。对于刚刚进入图书物流公司工作的赵洋来说，他似乎觉得自己的一生都要放在分类、统筹、计算、开票、包扎这种图书配送的工作上了。他满腹牢骚，老想着自己干什么不好，偏偏要来做物流配送呢？就算他把这一大堆的图书都包扎完了，但是，过一会儿，又有印刷厂把新的图书送到了，然后自己又不得不持续地清点数目，从而又开始新一轮的工作。每当想到这里，在赵洋看来，这一切多么可怕呀！

在干同一种工作的杨东海听了赵洋的埋怨，也很郁闷地叹了口气，以表同情。他和赵洋一样，也很讨厌这种工作，并因此对自己的前途感到担忧。

有什么办法呢？难道去找老板说，以自己的能力，做这种简单的体力活简直就是大材小用，因此我希望得到另外一份更好的工作？可以想像得到，在物流公司，除了干这样的工作之外，还会有什么更好的工作吗？那就是做老板，因为其他的员工都在做物流配送的工作，他们的工作还不如自己呢！

要么，干脆就辞职不干，另外再去找一份工作。可是，这是他费了九牛二虎之力才找到的一份工作啊！他是绝对不能轻易辞掉的。

难道就没有别的办法来改变这种讨厌的工作吗？不，肯定会有的，办法总归会有的，关键在于你肯不肯动脑子去思考。

当赵洋想到这一点时，他立刻想出一个很聪明的方法，可以使这种单调无味的工作变成一件很有趣味的事——他要把它变成一种游戏。他转过头来对他的同伴说："让我们来比赛吧，杨东海，看我们谁打的包又漂亮又迅速。"

杨东海同意了他的建议，于是，他们的比赛马上就开始了。这样一来，果不其然，工作起来并不像以前那么烦闷了，而且工作效率也比以前提高了。不久，老板便把他们调去管理物流分公司了。

从赵洋的成功来看，赵洋在他的工作过程中，并不是咬紧牙关、好像受酷刑一样去从事自己所痛恨的工作，而是把工作变成了一种游戏，使自己做起来还饶有兴趣。

这是一个很好的克服工作枯燥的例子，其秘诀是通过和别人竞争唤起工作的热情。一味地埋怨和厌烦是无法解决问题的，明智的办法就是转换自己的思路，在工作中寻找乐趣。美国伟大的哲人爱默生曾说过："每个从事自己无限热爱的工作的人，都可以获得成功，"只要你选择与自己志趣相投的职业，你就决不会陷入失败的境地。特别是年轻人，一旦选择了真正感兴趣的职业，工作总是精力充沛、全力以赴。一份自己想做的工作还会让你如鱼得水，充分发挥你的潜能，迅速成长起来。

要做到最好

有些人以平庸的要求对待工作:差不多就行;对得起这份工资就可以了;到点就下班;不主动做一些职责之外的事情;稍遇挫折就打退堂鼓。结果如何呢?平庸。抱着平庸的态度做事,结果也定以平庸收场。

那些职位低下、工资很低的员工,在某一天,突然被公司提升到一个重要的管理岗位上,这种晋升现象在很多人看来似乎有些莫名其妙,常常会遭受到人们的怀疑。但实际上,当他们拿着微不足道的工资时,他们始终没有放弃努力,始终保持一种追求完美的工作态度,满怀希望和热情地朝着自己的目标而努力,因而获得了丰富的经验。

如果一个人的工作有没有主动性,有没有追求完美的精神,这对工作的质量好坏具有着本质的决定性。

如果不能踏踏实实地安于自己的生活和工作,时常好高骛远、飘浮不定，自然无法把工作做好。只要全力以赴地奉献自己的时间和精力，在每一份工作中竭尽所能，你的工资自然而然地就会有所上升。

每个员工都应该明白，追求成功就一定要在工作中追求完美，当你追求完美的时候，你就会把自己的工作做到完美。

伏尔泰之所以成为伟大的文学家，并不是因为他有多聪明，最大的秘密就在于他在写作的时候总是追求完美，总是力求做到最好。

当伏尔泰创作的悲剧《查伊尔》公演后，受到观众很高的评价，许多行家也认为这是一部不可多得的成功之作。

但当时，伏尔泰本人却对这一件作品非常的不满意，他认为剧中对人物性格的刻画和故事情节的描写，还有许多不足之处。因此，他又拿起笔来一次又一次地反复修改，直到自己满意了才肯罢休。为此伏尔泰还为自己惹下了一段风波。

事情是这样的，经过伏尔泰多次修改后的剧本确实一次比一次好，但是，参演《查伊尔》的演员们却不高兴了，因为伏尔泰每修改一次剧本，演员们总要重新按修改后的剧本排练一次，这要让他们花费许多精力和时间。

就因为这样，出演该剧的主要演员杜孚林为此不高兴了，甚至气得拒绝和伏尔泰见面，不愿意接受伏尔泰重新修改后的剧本。这可把伏尔泰难为坏了，他不得不亲自上门把稿子塞进杜孚林居住的信箱里。尽管伏尔泰这样，杜孚林还是不愿看他的修改稿。

但事情还没有到此结束，直到有一天，杜孚林要举行盛大宴会招待友人。这件事同时也被伏尔泰知道了，于是他就买了一个大馅饼和12只山鹑，请人送到杜孚林的宴席上。

杜孚林高兴地收下了。在朋友们的热烈掌声中，他叫人把礼物端到餐桌上，当在场的人把礼盒打开时，所有的客人都大吃一惊，原来礼盒里除了礼物外还塞满了纸。他们将纸展开一看，是伏尔泰修改的稿子。

见此情景，杜孚林真是哭笑不得。为此，他还在宴会后找到伏尔泰，怒气冲冲地责备道："你为什么要这样做？你是不是做得有点太过分了？"

伏尔泰却心平气和地说："老兄，我也是没有办法呀！我不做到完美无缺，我不做到最好，我的饭碗就要被观众砸了！"

我们常常听说功亏一篑的事情，就是我们不愿意追求完美所造成的。比如说，开水烧到99度，你想差不多了，不用再烧了，不好意思，你永远喝不到开水。这就是说：99%等于0%。因此，我们一定要在工作中把自己份内的事情做到最好。当然，要做到这一点，就需要我们辛勤的劳动。有一句谚语说得非常的好，"一分耕耘，一分收获"，只要我们付出了努力，我们就能把自己的工作做到最好。

在编撰本书之前，我曾经对把工作做得完美无缺不以为然，甚至认为只要差不多就行了，不愿意付出更多的努力，结果如何呢？常常是一分耕耘，零分收获；五分耕耘，零分收获；九分耕耘，零分收获。

那么，我们怎样才能做到完美无缺呢？我们只有用十分的精力去耕耘，才会有十分的收获。我之所以在这里这样说，是基于我对生活的认识，我的收获往往不会那么轻易地获得。一分耕耘之后，人们常常看不到什么收获。当然，只要我们付出了努力，就会有所积累，即使当时看不到，只要积累到一定的程度，就会表现出来。有些人在努力了一段时间后，看不到自己所期望的结果，于是放弃了追求，结果就失败了。事实上，即使是我们付出了九分的耕耘，之后还是看不见收获，如果我们又放弃了追求，结果还是失败。但这个时候，我们已经有了九分积累，只要稍稍再坚持一下，成功就属于我们了，结果我们还是放弃了追求，成功也就离我们而去了。所以说，成功与失败就差这么一点点。

由此可以得出一个结论：如果我们要追求成功，就一定要追求完美，不能差不多就行。

第七章　要具有创新精神

创新，在我们的工作中是多么重要。创意的确是无限的，只要我们肯去想，那有什么事情是办不到的，有什么事情是我们无法解决的呢？一个小小的创意改变的不仅是现有的状态，它给我们开辟的局面将会更加宽广。

有创意才会有改变

无论在哪个时代,团队必须有新的创意来改变现有的状态。当局面陷入被动,比如销售业绩出现问题、产品质量遭到质疑时,一个小小的创意就会改变这种被动的局面。个性化的时代更是要求我们必须具备创新精神,如果不懂得创新,照搬照抄别人成功的经验或者是设计,这样的想法是不会有所成就的。

创意就是思维主体运用知识、信息、技术、能力经过智力想像、策划、选择和设计,卓有成效地选择新鲜事物的一种创造性的思维活动。对于公司来说,富含商机的创意就是满足用户各种心理需要,甚至包括他们潜意识里的需要。对于个人来说,富有创意就是最大的资本,或许你现在身无分文,但只要具有最可贵的创意,就可以把它变成财富,就可以把被动的局面转变成主动地出击。

1981年,美国通用电气的新任总裁杰克·韦尔奇上任。可是,他面临的问题却是非常棘手。公司规模虽然巨大,产品虽然多,但是,这种局面更加使得情况复杂。

杰克·韦尔奇刚刚上任,他就想:如何才能让这么大的一个公司正常运转呢?如何才能管理好它?销售业绩和利润必须增长,这才是最重要的。

杰克·韦尔奇开始调查公司不景气的原因。原来,这是因为公司管理太死板,员工没有足够的自主权。在经过仔细的分析之后,他认为只有把全体员工都团结在一起,才能把公司的局面扭转过来。于是,根据这个想法,他确定了更加详细的发展目标。

首先,杰克·韦尔奇在公司里进行了一次改革,实行"全员决策"制度。他让那些平时缺乏交流的员工行动起来,把按钟点上班的一般员工和中层管理人员,还有那些工会领袖集中起来,邀请他们参加决策讨论会。大家都可以各抒己见,自由地发表看法。

这项制度的实施,使得那些平时被冷落的员工开始积极起来。这种方法激励了他们的主人翁意识,潜藏在每一个员工身上的能量被充分地发挥出来。大家开始争相发言,发表自己的看法。经过分析,这其中的大部分建议都被杰克·韦尔奇采纳了,他认为它们非常合理。

这个制度实行一段时间之后,公司就有了显著的变化,本来不景气的公司慢慢地出现了转机。

不能不说,这样的结果与杰克·韦尔奇实行的这个制度是分不开的,员工创意起到了作用,杰克·韦尔奇的办法起到了关键的作用,使得公司步入了更大的发展空间。

科学技术的不断发展就是人类依靠神奇的创造力实现的,它改变了我们的生活，使我们的生活更加丰富多彩。创造性的思维不仅仅是应用在科学技术上面，生活中也充满了创意，即便是一道富有创意的菜肴，一件富有新意的服装，都会给我们的生活带来欣喜。其实，对于一般人来说，后者更为实际，而它带来的价值也能让你得到你想要的东西。毕竟，我们一般人从事着的行业并非是科学研究，大部分是和我们日常生活息息相关的各种行业。但是，生活的创意也同样可贵。

20年前，管理大师德鲁克说过“不创新，即死亡！”这句话语气很强烈，没有创意，只能接受平庸，只能平淡无奇地度过一生，生活中少了很多精彩的元素。可见，你想要领先于别人一步，让自己的生活更加美好，创意就是你打开财富和成功的一把钥匙。你可以想像，商界的人物哪一个不具备创造力？比如约翰·D·洛克菲勒和比尔·盖茨等，他们每一个人都具备这样的能力，这种能力让他们取得了卓越的成就。

米老鼠的形象家喻户晓，说到米老鼠，就要说说它的“爸爸”——卡通大王沃特？迪斯尼。

迪斯尼1901年出生于芝加哥，他在18岁时开始以绘制商业广告为生。后来，他开始研究创作动画片，而厂址就在好莱坞一间破旧的、而且还有老鼠经常出没的汽车房里，迪斯尼一有空闲，就会饶有兴趣地观察钻出钻进的小老鼠。

有一次，他看见一只小老鼠非常可爱，便抓起笔即兴作画，一只穿着红天鹅绒裤、黑上衣、戴着白手套的小老鼠在画纸上出现了。突然，他发现这是一个多么好的创意，于是，在妻子的建议下，这只小老鼠有了名字，米奇(Micky)就这样诞生了。迪斯尼和助手尤布对米奇的形象进行设计，塑造了一只对弱者同情、对强者却很淘气、好打抱不平、不自量力、急躁而且粗心的老鼠形象。

当时，报纸上全是查尔斯·林白首次单人驾机飞越大西洋的事迹，迪斯尼和尤布觉得应该好好利用这个机会。于是，草拟了一部叫《疯狂的飞机》的电影脚本，尤布立即着手绘制草图，很快就按照剧本的内容搞出了雏形，迪斯尼看后非常满意。之后，他们正式开始制作了。

他们制作的第三部《“威利”号汽艇》取得了很大的成功，米奇席卷全球，那只有着大而圆的耳朵、穿靴戴帽的小老鼠随着轻快的音乐而跺脚、跃动、吹口哨，这样一个可爱的形象博得了观众的喜欢。1932年，《“威利”号汽艇》获得了奥斯卡特别奖。

为什么人人讨厌的老鼠能被这么多人喜欢，因为迪斯尼。迪斯尼创造出来的米老鼠成了全世界儿童心中的神灵。米老鼠的形象不仅吸引了数百万的观众买票进入电影院，而且与米老鼠相关的其他各类产品——迪斯尼绘制的唐老鸭、维尼熊、高菲狗等卡通形象，使得迪斯尼所建立的沃特·迪斯尼公司迅速成为美国卡通界的领军企业。而这一切都源于一个创意，那就是一只小小的老鼠。

在沃特·迪斯尼病逝时，哥伦比亚广播公司在晚间新闻的悼词中说：迪斯尼是一位富有创造性的天才，他为全世界的人带来了欢乐，但若我们仅仅从这一方面去判断他所做出的贡献，仍是不够的。迪斯尼在医治、安慰人类心灵方面所做的贡献，也许比世界上任何一位心理医生都要大。

改变目前的思路

随着社会的进步及职业结构的不断变化，人们必须要面对更加复杂的职业环境，越来越多的职业问题随之而来，这就促使了职业心理研究的产生与发展。作为一门应用性学科，职业心理研究的目的很明确，即帮助人们更好地参与职业活动。

人有时就像一只跳蚤，习惯了平淡而毫无激情的生存方式，自我设限，自我封闭，自暴自弃，自欺欺人，消极保守，碌碌无为，始终生活在茫然的迷思和失败的阴影之中……这是一种悲哀！然而，真正悲哀的是习惯在这样的思维模式下没有出路。

自然科学家约翰·亨利·法伯曾利用毛毛虫做过一次很不寻常的试验。这些毛毛虫总是盲目地跟着前面的毛毛虫走，所以它们又叫游行毛毛虫。法伯很小心地安排，使它们围着花瓶的边缘走成一个圆圈。花瓶的旁边则放了一些松针，这是毛毛虫喜欢的食物。毛毛虫开始绕着花瓶走，它们一圈又一圈地走，一连 7 天 7 夜，一直围着花瓶团团转。最后，终于因饥饿与筋疲力尽而死去。在不到6寸远的地方就有很丰富的食物，而它们却饥饿致死，因为它们把活动与成就弄混了。

许多人就像毛毛虫一样，放弃主宰自己的生命和命运，按别人的意愿过日子，却不能够自主地生活。这种人最突出特点就是盲从，他们没有目标，就像一艘没有舵的船，永远漂流不定，所以只会到达失望、失败和丧气的海滩。

许多人犯了毛毛虫所犯的错误，结果只从丰富的生活中获得了很小的一部分。他们跟着大家绕圈子，根本不到别的地方去。他们遵循既定的方法与步骤，没有别的理由，因为“大家都那样做”和“大家都认为应该那样做”。其实，深究起来，这两个小实验的结果揭示了极为深刻的寓意。常人的悲哀不在于他们不去努力，而在于他们总爱给自己设定许多的条条框框，这种条框无意之间限制了他们想像的空间，以及创造的潜能和奋进的范围。看似一天到晚在忙碌，实际上自己已经套上了可怕的“金箍罩”，最终注定碌碌无为。

如果一个员工或管理人认为现状“已经够好”，他便会以如同后照镜一般狭窄的视野来工作或进行管理。如果是这样，目前的经济环境，他的未来注定会一败涂地。所以，为了要保持竞争性，任何人都必须不断质疑目前的所有作为。所有这些挑战，是可以让公司不致因现有的成功而被蒙蔽。在世界著名公司戴尔公司中，这种自我批判的态度，已深植在它的文化中，每个人都随时质疑自己，随时寻找改进事物的方法 。它的公司总裁迈克(迈克·戴尔)试着由上至下建立起这样的行为模式:开放的概念,工作人员聘用并且把他们培育为领导者。这些人在自己犯错误的时候,必须能够接受他人公开的反对或纠正。这是为了促进公开辩论 鼓励理性的“能人治理制度”。

迈克要极力使每个人尽量避免对自己的成就过度自傲。有些人以为,戴尔公司将已建成某些方面的行业基准,不过迈克却认为一定还有改进的空间。如果大家都开始觉得自己功成名就而停滞不前,那么公司就会面临破产的危机,员工就会丢掉饭碗。

迈克知道,感到骄傲,或骄傲本身并不是坏事。能以自己每天的工作为傲或以自己的公司为荣,这是一件了不起的事情。戴尔员工将付出太多,他们的努力最终也促成公司在营运上很大的绩效。认同他们的成就,他们可以增加对公司的奉献精神的价值。承认员工的成就,等于强调这些员工为公司带来的价值,并强调公司非常感激他们的努力。

所以说,在任何一个工作岗位上,员工能够踏踏实实、不浮不躁是每个领导都愿意看到的。但是,更多的时候是不能让安分束缚住自己的手脚、固步自封,而要勇于创新,在做好本职工作的基础上更上一层楼,为自己创造出更多的机会。

创意无处不在

很多创新都是由一些奇奇怪怪的想法产生的，创造者是那些热衷从千头万绪或支离破碎的背后发现亮点，他们突破现有的束缚，找到最好的方法。只有以创新作为自己的行为理论，应用自己所学的知识，敢于发现现在的不足，才能取得更大的发展。

我们常说的知识，就是说这个人对已知世界了解了多少，也意味着这个人水平的高低和能力的大小，但是这并不能说明知识就是创新。创新是对未知世界的探索，它要求必须有一定的专业知识做基础。通用汽车公司总裁杰克?韦尔奇说："在目前这个竞争激烈的新经济时代，一个企业家最差劲的表现就是缺乏创新、不思进取。"

想要打开一个全新的局面，就必须要求我们突破现有的常规，突破现有知识的束缚，有一种把不可能变成可能的精神和能力。一百多年前，当时的科学界几乎达成了共识，那就是用金属制作的机械飞不起来。但是作为工人出身的莱特兄弟偏偏对这个理论怀有质疑，他们坚信可以打破这个科学家认定的事实，他们反复研究、无数次地试验，结果他们把不可能变成可能，造出了飞机。到了现在，更为先进的制造飞机技术和飞行技术更是当时的人们所想像不到的，但这一切都变成了现实。

在现代这个竞争激烈的社会，创意决定了一个员工的命运，同时也决定了一个企业的命运。很多公司中非常经典的创意都是员工完成的。当然，他们也因为自己的努力以及为企业创造巨大的价值获得了丰厚的回报。

一个好的建议，可以让一个面临破产的企业起死回生，能让一个默默无闻的公司名声大噪，也能让一个成功的企业扩大战果，独霸一方。所以，每个公司的老板都很重视员工创意的培养。

每个人都有创造思考的能力，同时你身边也有无数个值得去发现的创意。只要多动脑筋，你就可以获得对公司、事业，乃至于自己的生活有所助益的创意。独特的创意不是少数聪明人的专利，只要你善于发掘并持之以积极的态度，你同样可以做到。否则，即使你有好的创意也会被你自己悲观的态度所扼杀。

所以，在工作中你一定要充分运用这种能力，让自己的工作有创意、有新意的进行。这样不仅工作得顺利开心，还可以得到老板的重视。那么，如何才能做到这一点呢？

首先，你应该全面深入地了解你的公司，这是员工为公司提出创新性建议的前提。只是需要注意的是，盲目的说话会让老板对你失去耐心和信任。虽然你可能一直在公司工作，对自己的工作环境和工作任务非常熟悉，但作为一名员工，你对公司的经营战略和发展规划却不一定十分熟悉。公司的外界环境会不断地变化，发展战略和规划也要相应地变化。所以，如果你不了解这些动向，即使提出了一些建议也没有实际意义。

其次，根据调查显示，员工的创新型建议，90%是不切合实际的，但你不要因为害怕自己的建议不被采纳而不敢提出来。要知道，老板的建议也同样有 90%是不合实际的。理解了这一点，你就不用担心自己提出的建议不被采纳而遭到老板的嘲笑了。如果你提出的建议有一些被采纳了，这些创意就足以让公司保持发展的活力了。

最后，提建议之前做一些思考是有必要的。有的员工不管自己的老板喜不喜欢听意见，盲目上书，结果往往会让那些刚愎自用的老板拒绝甚至对你产生反感。如果你的老板从谏如流，和善近人，并鼓励员工把自己的想法说出来，那你就应该大胆积极的把自己的建议提出来。

此外，学会观察也是非常有必要的，如果你能够留意审视目前工作的内容和环境，你就会发现那些需要立即解决的事情。你应该多思考如何让公司的经营更具效率，这样你获得有益方案的可能性就会更大。

在你追求创意的时候，假如你尚未获得一个完整的有价值的、成体系的创意就先不要轻易罢手。因为创造的过程就是探索的过程，在这个过程中充满了未知和变数，这些未知和变数由于存在着太多的不确定性会使你很容易动摇，这样一来，连你自己都没有自信的创意,如何能说服你的老板?所以信心对于提高你创意的成功率是至关重要的,一旦你犹豫了,动摇了,你的一切努力都可能化为乌有。

培养你的创新意识

不管是在哪个层次工作的员工,都要接受周围环境在不停变化的这个事实,都必须意识到:未来的世界,不是一个固步自封的世界,而是一个充满竞争的世界,这种竞争,主要是创造力和创造性的竞争。一些人人称羡的发明家、企业家,和一般人最不一样的地方在于,他们勇于用创新的角度思考,并且积极掌握机会,让他们的人生和事业获得跳跃式的发展。

不是只有那些大的发明家才会有这种看似神奇的魔力,我们也同样具有这种能力,只是我们之中的大多数人没有抓住创新的机会,没有捕捉到创新的灵感。

事实上,有很多影响人类生活的发明,例如微波炉、圆珠笔等产品,都不是专业人士的杰作,而是一些普通人的神来之笔。这些发明使得人类的生活发生了极大的改变。这些人与一般人的不同之处就在于,他们能从创新的角度思考,追求突破,追求创新。

因此,要有创新的思考能力,并不需要像爱因斯坦或是其他伟大的发明家那样取得能够改变整个人类生活的成就，有时只要让脑筋转个弯，改变一下方向就可以了。要在工作或生活上有所突破,秘诀是要更聪明地做事,而不是没有思考能力一味的跟从别人工作。要更聪明地做事,就要学会创造性思考,并且努力落实这些想法,才能在原有的基础上走出新路。

据说法国的一位著名歌唱家有一个美丽的私人林园，每到周末总会有人到她的林园里摘花、拾蘑菇、野营、野餐,把她的私人领地当作公共场所,弄得林园肮脏不堪、一片狼藉,管家让人围上篱笆,竖上“私人园林禁止入内”的木牌,仍无济于事。这位歌唱家得知这一情况后，在路口立了一些大牌子，上面醒目的写道:“请注意!如果在林中被毒蛇咬伤,最近的医院距此20千米,驾车约半小时可到达”。从此,再也没有人闯入她的林园。这就是一种创新,一种思维的突破。

日本的东芝电器曾经在1952年的时候积压了大量的电扇,7万多名职工为了打开销路,搜肠刮肚地想了很多办法,都没有解决任何问题。

有一天,一个小职员想到了一个办法——改变电扇的颜色。当时,全世界的电扇都是黑色的,没有人想到电扇也可以做成其他颜色。这一建议引起了东芝董事长的重视,经过研究,公司采纳了他的这个建议。

第二年夏天，东芝推出了一批浅蓝色的电扇，没想到在市场上掀起了一阵抢购热潮，几个月之内东芝就卖出了几十万台电扇。从那以后，日本乃至全世界的电扇都不是一副黑色的面孔了。

很多人以为成功是一步步慢慢累积来的，其实这个观念并不完全正确。大多数人因为深受这个观念的影响，并将它应用在生活和工作上，结果一事无成。事实上，按部就班有时完全可能成为扼杀你成功的诱因。

这个观念让你为了工作不断努力，总以为自己做得还不够。然而，你有没有想到，如果只是循着前人的模式前进，那些拥有庞大产业规模的经营者为何能领先众人？一步步地做，或许是最安全的方式，但反过来想，为什么不能选择一种更积极的方式？

例如，大多数人都对麦当劳的创立人雷蒙·克罗克的名字耳熟能详，但实际上，克罗克并不是最先创立麦当劳的人。麦当劳最先是由麦当劳兄弟创立的，只是他们未能预见麦当劳的发展潜力，因此他们将麦当劳的观念、品牌以及汉堡等产品，卖给从事销售工作的克罗克，让他继续经营。

克罗克以独特的行销策略，将麦当劳以连锁店的形态推广至全世界，让麦当劳变成今天规模数十亿美元的庞大企业。克罗克抓住了麦当劳兄弟原先忽略的机会，即改变原有的经营模式，因而赢得了自己事业生涯上的突破。

如果你以为那些成功创新的人，一定都是绝顶聪明的人，那你就错了。事实上，大部分的突破，都是一般人在现有心智模式下产生的。关键不在于你够不够聪明，而在于你的态度：你是否愿意抓住机会，并加以利用。

突破可能来自各方面的常识，将那些看起来很普通的东西加以重组，你就会发现，原来创新并不是一件很难的事。

要有超越一切的信心

洛克菲勒的女儿伊丽莎白所在的公司总经理就要退休了，伊丽莎白一直非常努力地完成工作，而且她当选的可能性很大，洛克菲勒也对女儿有很高的期待。可是，伊丽莎白却想放弃这次挑战，在总经理引退前的6个月，她要和丈夫去度假。

洛克菲勒得知这个消息后，严肃地对女儿说："你这个时候去度假，不就是要当逃兵么？你知道我最不喜欢你当逃兵。为了获得现在交易副经理这个职位，你做出了很大的努力，甚至牺牲了和家人共处的时间，现在，你为什么放弃这个晋升更高职位的机会。"

伊丽莎白答道："爸爸，我想我有我的苦衷，我担心工作太忙、太操心，还担心自己没有资格，而且我觉得力不从心，想要休息。”

洛克菲勒听到女儿的诉苦，语气变得柔和起来：“伊尼，我觉得这不是退出竞争的有力理由，长期以来，你对时间管理已经很熟练了，你可以挑选一个能接受任务，并能完成工作的职员，你们进行合作，就能帮助你解决很多问题。”

伊丽莎白依旧辩解：“我真的已经尽力了，真不知道自己能否胜任这个职位。”

洛克菲勒慢慢地和女儿说：“在这个世界上，竞争一刻都不会停止，我们就没有休息的时候。我们所能做的，就是带上钢铁般的决心，走向纷至沓来的各种挑战和竞争，而且要情绪高昂并乐在其中，否则，就不会产生好的结果。”

伊丽莎白思考着父亲的话，她似乎被说服了。但是，怎么样迎接一场这么大的挑战呢？

洛克菲勒接着说：“想要在竞争中取胜，勇气只是赢得胜利的一方面，还要有实力。我们要靠自己的双脚站起来，如果你的脚不够强壮，不能支持你，你不是放弃和认输，就是努力去磨炼、强化、发展双脚，让它们发挥力量。”

英国著名作家萧伯纳曾经说过：“对于害怕危险的人，所处世界上的一切总是有危险的。”

一次，一个人同一位准备远航的水手交谈，他问：“你父亲是怎么死的？”

“出海捕鱼，遇着风暴，死在海上。”

“你祖父呢？”

“也死在海上。”

“那么，你还去航海，不怕死在海上吗？”

水手反问：“你父亲死在哪里？”

“死在床上。”

“你的祖父呢？”

“也死在床上。”

“那么，你每天睡在床上不感到害怕吗？”

这个故事含有深刻的人生哲理，言简意赅，反映出水手明知祖父、父亲都死在海上，却没有因为害怕再一次被大海吞噬的危险而改变自己的奋斗目标，仍然乐观地从事着自己的事业。

现在，新的、理想的生存方式就潜伏在平常的生存方式之中，只有具备探险的勇气才能发现它。那些具备风险意识、无所畏惧、勇于探索和尝试的人，才能克服一道道难关，锻炼和展现出自己的才华；如果只注意风险，就像上文中的故事那样，这个世界上就不会有一处让你感到安生的地方，就会处处有等待着你的陷阱、处处有等待着你的危机。惟有那些勇于追求、实现追求的人才能领略到人生的最高的喜悦和欢愉。

创新必须突破现有的思维定势

思维是人类最为本质的特征，是人类一切活动的源头，也是创新的源头。有了创新思维人类才没有越走越退步。一个人的思维能力总处在发展、变化的趋势中，但也会存在一种相对稳定的状态，这种状态是由一系列的思维定势所构成。

人们不能发挥创造力的原因多种多样，有的是因为心中存在某种局限性观念，有的是存在某种思维障碍，所以要发挥自己的创造力和创新思维必须突破许多障碍。

研究发现，人们发现问题、研究问题、解决问题往往都是凭借原有的思维活动路径(即思维定势)进行思维的。人们认识未知、解决未知，都是以已知或已知的组合、变换为阶梯。那么，如何才能提高思维能力呢？这就需要我们敢于打破常规，敢于突破思维定势。

常规有很多的好处，会使人在思考同类或相似问题的时候，能省去许多摸索和试验的过程，能不走或少走弯路，这样就既可以缩短思考的时间、减少精力和耗费，又可以提高思考的质量和成功率，还能在思考的过程中感到驾轻就熟、轻松愉快。但是，常规却使人们在遇到有些问题时百思不得其解。

日本一家公司的科技人员为了满足市场需要，开始设计一种新的小型自动聚焦相机。

所谓自动聚焦就是相机要根据拍摄的对象，自动测量距离，然后镜头作相应的调整，自动定焦距。设计这种相机有几个必须达到的基本要求：小巧轻便，容易操作，而且要成本低廉。

按照当时的技术水平和条件，在相机里装进电动机，体积就小不了，重量就轻不了，成本就很难降下来。如果要为它再去特别设计一种专用的超小型电动机，时间又很难保证。

设计人员为此大伤脑筋，想了很多办法都行不通，设计工作在很长一段时间内裹足不前。后来一个不是学电机专业的技术人员想到：自动聚焦需要的动力很小，而且距离很短，不用电动机，用弹簧行不行呢？这个突破了“必须用电动机驱动”这一定势思维的新设想提出以后，设计人员们沿着新的思路不断进行探索和试验，没过多久，就相继设计出了一种又一种小型和超小型的自动聚焦相机。对这种给人们带来了很大方便，连傻瓜也能使用的“傻瓜相机”，科技界给予了很高的评价，认为它代表了产品开发的一个新的重要方面——傻瓜化，即“功能简单化”、“易操作化”，同时也是“高智能化”、“高科技化”。

所以说，社会进步需要创新，企业发展需要创新，个人发展也需要创新。尤其是对于企业来说，只有所有员工不断突破思维定势、超越自我，企业才会获得迅速发展。

著名企业英特尔公司在招进员工后，非常注重鼓励员工不断挑战。当然，盲目迎接挑战只会带来失败，不可能带来创新，这不是英特尔所希望的。英特尔所推崇的创新是在接受挑战之前能够掌握情报，并进行充分评估，尽可能地了解到种种变通之道与替代方案，以增加对失败的控制力，这被称为“可预期的风险”。除了迎接挑战，对错误的包容也同样重要。在英特尔公司，面对“不可预期的风险”而失败是能够被接受的。

在英特尔公司，每一位员工都有机会贯彻自己的想法。英特尔是一个很平等的公司，在这里不会有很多层的经理，每一个员工都可以在自己的级别上做出决定，不用什么事情都去请示。诸如“你很有头脑，却在上司那里受挫”这样的情况在英特尔是不会发生的。也许有时员工不确定，拿计划去跟经理谈，但是，通常经理会鼓励员工去尝试，而不是泼冷水。正是在这样的文化氛围中，英特尔公司的员工才不会害怕失败，才积极主动地进行创新。

同样，西门子公司的每一位成员也都具有普遍的创新意识，正是这种意识引领西门子不断开发新的产品和解决方案。这种意识的形成是以五项重要的个人素质为基础的，正是这些素质使西门子与众不同。

英国明尼苏达矿业制造公司(3M)更是以其能为员工提供创新环境而著称。3M 公司认为，有强烈的创新意识和创新精神的知识员工是实现公司价值的最大资源，是 3M 达到目标的主要工具。因此，3M 有一个奇怪的 15%时间定律，即允许每个技术人员可以用

15%的工作时间来“干私活”，搞一些个人感兴趣的工作，这些工作可以是对公司没有直接利益的。事实证明，3M 的许多新产品都是在 15%时间定律下产生的。

微软中国研究院的访问研究员、加拿大 UWO（西安大略大学）教授凌晓峰博士认为，世界知名的大公司都很重视员工的创造力，因为要使自己的技术、产品、服务领先，就要做到与众不同。对于研发人员来说，创新能力尤其重要。思路奇特、善于创新、从不满足现有成绩、产生新的创意并将其成功实现的能力，是好员工必须具有的。

由此可以看出，创新能力越来越被企业所看重，你能想出一个别人想不到的主意，也许就能成就一番事业，像美国的硅谷，很多公司是从一个好点子、一个优秀的团队起家的，那里没人问你的学历，只要你有创新能力、有好的团队，风险投资就会落到你的头上。正如巴西吉西利华公司董事长阿普里莱所说：“年轻人不能满足众所周知的现成答案，应该善于向旧事物挑战并提出新建议。我已经注意到了某些求职者的这些特点。他们在求职前就已经向我们写信，对公司的事提出疑问，显露了他们的求知欲。”

要有放手一搏的勇气

德国哲学家康德说过:“在人的心中有一种追求无限和永恒的倾向,这种倾向在理性中的最直观表现就是冒险。”

有一年的国际名酒博览会中,第一次展出了中国名酒茅台,那时茅台酒虽然在中国享有盛名,但是在国际上却还是默默无闻。

展出的名酒都有着美丽高级的包装,茅台酒却因为没有好看的包装,而乏人问津。

展览会眼看就要结束了,经过展示茅台摊位的来宾,却都是看一眼就匆匆地离开,负责展示的人员因为无法向上级交差,心里愈来愈急。

这时一位展示人员灵机一动,“失手”打破了一瓶茅台酒,顿时场内香气四溢,许多来宾闻香而来,不多时,摊位上就聚集了大批观众。

也因此,在这一次展览会中,展览的中国酒厂接到了大批的订单。从此，茅台酒在国际上就有了市场。

成功往往需要有孤注一掷的勇气，有勇气的人才能享受成功带来的喜悦。至于如何趋利避害，以最小的投入换取最大的利益，则是个技巧问题。

遭受某种不幸或挫折，人们常常会认为是“命运不佳”或“命中注定”。有了这么一种消极的被动心态，可以想像这种人根本不会看得见机会的存在。

机会在哪儿？机会就在你能否掌握自己的心态、能否过滤掉不当的情绪及思想。若你能很容易调整好你的心态，你就能达到任何你想要追求的目标。

退一步海阔天空。突破尊严，突破控制与牵扯你的思绪，你就能回到自信，回到成功之路。茅台酒的成功推销，正是对不当情绪的摒弃，而用积极心态去放手一搏的成果。

冒险可以给你带来一些全新的体验，一些你所未知领域的体验，可以说，冒险的体验正是你生活中进步和快乐的本源，因此对于未知的事物完全不必心怀恐惧，也不必费心做那种无谓的尝试，试图把生活中的方方面面都规划好。如果你想让你的生活丰富多彩的话，那么就让你的生活多一些意外，多一些弹性。事实上，无论是你的工作，还是你的生活，如果总是重复同一个内容，你又怎么能有新的收获呢？你应该清楚，生活并不是可以预先设计的，所以对于不可预知的未来，你没有必要担心惧怕，你应该具有敢为人先的冒险精神，打破你的规矩，突破你的闭锁，去体验冒险给你带来的快乐。就像龙虾和寄居蟹一样。

有一天，龙虾与寄居蟹在深海中相遇，寄居蟹看见龙虾正把自己的硬壳脱掉，只露出娇嫩的身躯。寄居蟹非常紧张地说："龙虾，你怎么可以把惟一保护自己身躯的硬壳也放弃呢？难道你不怕有大鱼一口把你吃掉吗？以你现在的情况来看，连急流也会把你冲到岩石去，到时你不死才怪呢！"龙虾气定神闲地回答："谢谢你的关心，但是你不了解，我们龙虾每次成长，都必须先脱掉旧壳，才能生长出更坚固的外壳，现在面对的危险，只是为了将来发展得更好而做出的准备。"寄居蟹细心思量一下，自己整天只找可以避居的地方，而没有想过如何让自己成长得更强壮，整天在别人的庇护之下，难怪永远都没有自己的发展。

IBM在创立初期，公司就极其青睐和重用具有"野鸭精神"的人才。创始人沃森强调："对于提升那些我并不喜欢但却有真才的人，我从不犹豫……我所寻找的就是那些个性强烈、有点野性以及直言不讳，似乎令人不愉快的人。如果你能在你的周围发掘许多这样的人，并能耐心地听取他们的意见，那你的工作就会处处顺利。"

大部分的人习惯于做一些风险性比较小的工作，但是，往往风险的高低就意味着你所收获的多少。工作和生活永远是变化无穷的，我们每天都可能面临。假如你根本没有仔细想过去冒险，长期下来就会失去斗志，既然有想要成功的欲望，那就要有这样的勇气，敢于承担风险，因为冒险与收获常常是结伴而行的。风险和利润的大小是成正比的，巨大的风险能带来巨大的效益。险中有夷，危中有利。要想有卓越的成果，就要敢冒风险，冒险意味着离成功更近一步。我们无法预测未知事物的结果，但不论结果如何，都该冒险。恐惧是面对未知时的正常反应,恐惧却依然需要冒险,这就是冒险的真谛。冒险者的心态就是:就算不能成功,至少尝试过了。但就是这种心态,造就了他们的成功。不要害怕冒险,任何时候,如果有任何人或事情想要把你击倒,你就顽强撑住,只要对自己有信心,有放手一搏的决心,就采取行动,向前跨出一步。

提升创新力

如何让全新的想法在公司内不断涌现?如何激发员工勇于创新冒险?这是大多数企业所关心的问题。

斯坦福大学的两位教授詹姆斯·柯林斯与杰里·波拉斯在访问惠普公司的比尔·休利特斯时问他:在他眼里有没有哪家公司值得他崇拜并可以称作楷模?他毫不犹豫地回答说:“毫无疑问,有,就是3M公司!你永远不会知道下一步他们会想出什么奇招来。它们的魅力就在于连他们自己很可能也不知道下一步会有什么新招。”

在3M公司,创新是一种复杂环境的产物。3M公司最突出的天赋就是培养了一个多种因素相互促进的工作环境。据3M员工称,

3M有一种特殊的创新生态机制，正是这种机制使3M每年研制出了大批令人眼花缭乱的产品。

在3M公司，员工的主要成就是其贡献性，而公司的工作就是为员工发挥其创新精神提供广阔的空间。许多3M人都把公司的目标——成为"世界上最富有创新精神的企业"这句话铭记于心，他们时常询问自己："我怎样才能革新自己的工作，怎样才能为生产创新做出更大的贡献。"

创新意识意味着一种永不满足的追求，也就是说，现代企业员工的创新意识是同他极其强烈的成就欲望和事业心密切相连的。只要我们在工作中学会变换角度看问题，经常积极思考，我们一定会成为优秀的人才。

据资料显示，现在全世界大约有两亿男人使用"吉列"刀片刮胡子，但你一定不知道，"吉列公司"创始人吉列先生当初产生这项发明的念头，只是因为客户的一句话。

出身贫寒家庭的吉列，十几岁便开始当推销员。虽然工作尚算顺利，但是吉列却不想一辈子只当个推销员，他经常对自己说："有一天，我一定要开创一番不平凡的事业！"

在一次与顾客闲聊时，曙光出现了，那位顾客无意间对吉列说："嗯，如果能够发明一种用过就扔的小商品，那不就可以让顾客们不断来购买你的商品吗？""用过就扔？不断购买？"这句话立即激发了吉列的灵感。从那天起，吉列天天思索着："什么样的东西必须用过就扔掉呢？"

有一天早上，吉列正在一家旅馆的房间里刮胡子，当他拿起刮胡刀时，却发现刀口不够锋利。正值出差的他当然不可能随身携带笨重的磨刀石，于是他只好信手取过一块牛皮，轻轻地在上面来回磨，问题是刀口仍然不见锋利，无奈之下，他只好凑合着用。然而，不锋利的刀子可把吉列给整惨了，胡子不仅无法清除干净，更把他刮疼得哇哇叫。好不容易刮完了胡子，却见脸上留下了好几道伤痕。他感到非常生气，忿忿不平地想着："难道世界上就没有比这个更好用的刮胡刀吗？怎么没有人发明一些不必磨就锋利无比的刀子呢？"就在这时，他突然眼睛一亮："咦！这不正是'用完即扔'的最佳商品吗？"

一回到家，吉列便辞去工作，潜心研究薄刀片等刮胡用具，最后更设计出一款像耙子似的"T"形简易刮胡刀。就这样，安全又方便的吉列刮胡刀终于诞生了，到现在仍是许多男人必备的刮胡用具。

生活中有些问题不能解决，不是因为问题太过复杂，而是因为许多时候我们会受到思维惯性的束缚，只要我们换个角度想问题，问题就很容易解决。比如说，一个年轻的妈妈想让刚买的婴儿床和自己的大床并在一起，这样就可以省去夜里的担心和麻烦。结果，在她想拆除小床的护栏时遇到了麻烦。她想按照床的设计，保留一个可以上下伸缩的移动护栏，而拆除那个固定的护栏，可是那个固定的护栏有着支撑床的功能，若拆掉，整个床就散了，这件事只好不了了之。直到有一天，这位妈妈站到床的另一面，她才突然发现，若将小床和大床靠在一起，即使没有移动护栏也无所谓，而拆了移动护栏以后，小床依然牢固，这个问题就得以解决了。如果她不走到床的另一面，她可能永远看不到这一点，而使自己陷入烦恼。

第八章　要学会敬业

敬业所体现的是一个人的能力，也体现出一个人对社会、对企业、对家庭等的责任感和奉献精神。同时，敬业也体现出一个人对人生的追求、热爱和积极的态度。

要学会敬业

当今社会，任何一家公司想在如此激烈的竞争环境下生存，员工是否敬业有着很重要的作用。没有敬业就不可能生产出质量过硬的产品；没有敬业就不可能有创新精神，就没有新的产品问世。同样的，没有敬业的员工也无法给顾客提供高质量的服务。不论是一个国家或一个企业，如果想立于世界强国和大企业之林，那么，自己的人民、自己的员工就必须拥有敬业的精神，并且把敬业养成一种习惯。

可是，现实社会却让我们很失望，不论我们从事的是什么行业，也不论我们在什么地方，投机取巧、不负责任、找借口的人都无处不在。这些人不仅缺乏一种神圣的使命感，而且缺乏对敬业精神世俗意义的理解，所以形成了他们不能成功的各种因素。

从表面上看，敬业只有利于公司，有利于老板。其实，敬业最后受益的仍然是你。当敬业变成一种习惯时，成功往往会追随而来。

当不敬业成为一种习惯时,其结果可想而知。工作当中你不能尽职尽责,只能给公司带来一点点的经济损失,可是你想过没有,损失最大的却是你自己。

勤奋敬业的人,在某些时候也许不会受到老板的重视,但可以获得别人的尊重。然而,那些不敬业、使用一些手段爬上高位的人,往往是员工谈论的对象,也被视为人格低下的人,他们在无形中给自己的成功之路设置了障碍。

从古至今,那些有所成就的人,有哪一个不是受到他人的尊重?相反,那些不敬业、不能负起责任的人,得到的只是轻视和鄙视。因此,敬业既是社会检验一个人价值的重要标准,也是一个人实现自己人生价值的重要途径。

不论你身在何职,也不论做的是什么行业,你都需要具有一种敬业的精神。在一个公司的岗位上兢兢业业,当换到另一个新岗位上时,也需要同样地敬业,你时刻都要提醒自己,只有这样你才能把敬业当成一种习惯。

有这样一个年轻人,他很能干,电脑、开车、写作都很精通,他找到一份替别人开轿车的工作,这是一份很好的工作,每个月都有好几千元的薪水,而且老板也非常赏识他,总是在时刻观察他。但是,这个年轻人在一段时间后表现出了散漫、不负责任、缺乏敬业精神的现象。有一次,老板有急事要出去,但是年轻人却开着车在城郊游玩,由于他的影响,老板丢掉了一大笔生意。他也为此丢掉了这份工作。

这种人永远得不到尊重和提升。人们往往会尊敬那些能力中等但尽职尽责的人，而不会尊敬一个能力一等，但不负责任的人。

朱熹曾经说过："专心致志以事其业"，这句话所表达的就是"敬业"。敬业是用一种恭敬严肃的态度对待自已的工作，认真负责、一心一意、任劳任怨、精益求精。敬业精神是以明确的目标选择、朴素的价值观、忘我投入的兴趣、认真负责的态度来从事自己主导活动时所表现出的个人品质。敬业精神是做好本职工作的重要前提和可靠保障，所以养成敬业的习惯，对你在今后工作中取得成就非常重要。

没有敬业精神的人，他们只会在心里想：自己做事是替老板赚钱，我替他做的事越多，他赚的越多，可是对我有什么好处？我为什么不好好地享受上班这几个小时？这些人，他们总是能混就混，对每一件事都是马马虎虎，根本不会尽职尽责。对于任何个人或企业来说，这样的心态都是导致失败的原因。一个优秀的员工，一定是一个敬业的员工，他们在执行每一件任务的时候，不仅尽量地去完成，还怀着一种高度负责的精神去完成。不管是在什么时候，这些优秀的员工都怀着这样的心态，大事、小事都保持着高度负责的职业精神，久而久之，这种精神也成为了他们做事的习惯。

敬业精神不是与生俱来的，是靠培养和锻炼而来的，具有这种敬业精神的人，他们从跨入职场的那一刻就开始培养和锻炼这种精神了。不论是谁，都需要从所跨入的第一份工作开始，对工作认真负责，总是积极主动地去完成工作，而且必须坚持下去，在经过一段时间后，敬业便成了一种自然而然的习惯。当你拥有了这种习惯以后，不论你走到哪里，在哪里工作，敬业精神都会一直陪伴着你。

一个敬业的人，当他全心全意地投入到任何一件工作中时，他就会在这个过程中找到快乐，这也是敬业所带来的另一个效果之一。相反，当一个人对工作懒惰懈怠的时候，不敬业就会侵蚀他的职业精神，最终让他讨厌自己的工作，感觉在工作中没有一点乐趣。

在工作中能学到比别人更多经验的人，总是那些敬业的人，他们所学习的这些经验往往成为他们成功的踏脚石，这是一种必然的现象，不论他们在目前的工作环境，还是另外的工作环境，敬业的习惯最终都会给他们带来利益。在任何一个企业里，敬业的员工都是老板最看重的员工，如果你的能力一般，但是你拥有良好的敬业精神，你也可以很好地发展下去；如果你十分优秀，那么敬业将是你飞黄腾达的关键之一。所以说，养成敬业习惯的人更容易获得成功。

养成敬业的习惯

敬业是一种美德、一种习惯、一种人生态度,是最基本的做人之道,也是成就事业的首要条件,是培养火种的薪柴。无论从事什么工作,都请记住,敬业不仅仅是为了工作或者别人,更是为了自己。即使一个人生下来就是老板,也必然在其他方面敬业负责才有前途,更何况绝大多数人都必须在某种社会组织中——无论是企业、机关,还是学校中来奠定自己的事业和职业生涯。要么离开,要么投入,只要你还是这家公司的一员,就应当抛开任何借口,投入自己的忠诚和责任,一荣俱荣,一损俱损。可以想像,当你把身心彻底融入公司,尽职尽责,时时处处为公司着想,对投入人承担风险和勇气报以钦佩,设身处地地理解企业主那种赔掉家产以至破产的压力,那么,任何一个老板都会视你为相见恨晚的知己、公司的支柱,视你为他企业发展不可或缺的忠实伙伴。在忠诚、敬业和信任的各种关系中,继之而来的是全面的信任,委以重任,给以施展抱负的广阔舞台,你的事业成就便胜券在握、指日可待。

如果一个人没有敬业精神,就不要奢谈什么成功,就不要谈为公司负责、对工作负责。毕竟在当今社会中,一个人是否具备敬业精神是衡量员工能否胜任一份工作的首要标准,因为它不仅关系到企业的生存与发展,更关系到员工的切身利益。

员工对工作的不负责,就是对自己的人生不负责,对自己的生命不负责任。一个勤奋敬业的人也许并不能获得上司的赏识,但至少可以获得他人的尊重,并会一辈子从中受益。如果我们能够在职场上的每时每刻、在每一件小事上都保持这种精神,我们就能慢慢地将此养成一种习惯,敬业也就水到渠成了。这就是说,我们应该把敬业当成一种习惯,有了这种习惯,就不愁在事业上无所成就了。是的,也许你的职业是平庸的,但如果你以尽职尽责的态度去工作,你也能获得极高的赞誉。

对绝大多数人而言,事业是我们生命中最重要的部分。敬业是一种人生态度,是珍惜生命、珍视未来的表现。如果在你的工作中没有了职责和敬业,你的生活就会变得毫无意义。不管我们从事什么样的工作,平凡也好,令人羡慕也好,都应该尽职尽责,力求不断地进步。

杨海燕是一家 IT 传媒公司新来的前台人员,她每天的工作就是不断地接待前来公司拜访的人员。除此之外,她还要不断地帮助公司的一些领导整理、收集、复印、打印各类文件材料。在公司的其他员工看来,杨海燕的工作显得枯燥乏味,甚至认为她就是一个为公司打杂的女职员。但杨海燕并不这样认为,在她看来,她觉得自己的工作很有意思，她说:“我每天完成我自己的工作就是对公司的忠诚,就是对我的职业负责,就是一种敬业,我不管别人说什么,只要我尽职尽责地工作,我就感到非常的快乐。”

在这种动力下,杨海燕每天尽职尽责地做着属于自己的工作,久而久之,她发现公司在管理上还存在着很多问题,甚至公司的一些经营也存在一些问题。

杨海燕发现公司存在着这些问题之后，她每天除了完成必须做的工作外,还认真搜集一些资料,包括那些过期的材料。她把搜集到的资料整理分类，查询了很多经营方面的书籍并进行认真分析,然后写出建议。

就这样，经过一段时间的努力之后，她终于写出了一份建议书,然后连同自己日常收集的资料一起交给公司的总经理。起初,公司总经理也没有在意她的这份建议书，顺手就把它放在了办公桌上。

大约过了一个星期之后，公司总经理才无意识地看到了这份建议书,并从头到尾读了一遍。在读完之后,总经理才感到事态的严重,但他一时想不起这份建议书是谁写的,于是他开始到各个部门去查询。当他最后知道这份建议书是出自一位前台人员时,这让总经理非常吃惊:这样的一个前台人员,为什么能够发现公司存在的这么多问题,而且所撰写的建议书竟然拥有这样缜密的思维,并且分析得细致入微、有理有据。

第二天,公司总经理就召开了各部门会议,并决定采纳杨海燕所提的多条建议。从此,公司总经理对这位前台人员另眼相看,并委以重任。但杨海燕认为,她只是尽职尽责地做好自己的分内工作而已,从公司的角度来讲,她这样做是天经地义的,在她看来,如果公司出现了问题不能生存下去,她也就失业了,所以她没有必要一定要得到公司奖励,这是她应该做的事。

在公司总经理看来,他为公司拥有像杨海燕这样敬业的员工而感到欣慰,而杨海燕的敬业也为她赢得了发展的机会。

当我们将敬业当作一种习惯时,在全心投入工作的过程中就会充满快乐。在今天,能够把敬业培养成一种习惯的人实在是太少了。世界需要这样的人:忠诚、机智、认真负责、充满活力、足智多谋、坚持不懈和勤奋进取。然而,在很多人看来,他们的工作敬业是为了领导、为了企业,自己却没有得到多少。事实上呢?最大的获益者却是我们自己,因为敬业的人能从工作中学到比别人更多的经验,而这些经验便是你向上发展的垫脚石,就算你以后从事不同的行业,你的敬业精神也必然会为你带来助力!因此,把敬业当成习惯的人,从事任何行业都很容易成功,都会是企业的顶梁柱。

养成敬业的习惯之后,或许不能为你带来直接而可观的好处,但可以肯定的是,如果你养成了一种“不敬业”的不良习惯,你的成就一定会相当有限,你的那种散漫、马虎、不负责任的做事态度已深入你的意识与潜意识,做任何事都会抱着“随便做一做”的思想,结果可想而知。

对待工作要庄严

在工作中，我们一定要充分地认识到每一份工作都是庄严的。一个人会不会有偌大的成就，就看他工作的精神是否饱满、态度是否庄严、是否因工作的普通而懈怠它、是否因自己技能的欠缺而放弃它。

工作如此，生命的演化、生活和事业的发展也同样如此。当社会不断对个人的知识、能力和经验提出更高层次的要求，新员工应不停地加强并丰富自己的专业知识和职业技能，通过艰苦的训练和不断的努力来强化自己的专业地位，直到能够超越同行。如果一个员工不能做得比别人更好，就不能妄想超越他人，从而也无法形成自己的核心竞争能力，因为这种能力会把他和别人区别开来，使自己在工作中变得不可取代，从而为他的职业生涯打下良好的基础。

这说明了什么呢？这就告诫我们，我们想了解一个人，从工作中就可以看出一个人的全部,公司中的好多人总是找不准目标,他们不相信自己,天天懊悔自己的选择,他们认为自己可以从事更体面的工作。这样的工作态度是很可怕的。

那么,我们应该怎样对待自己的工作呢?北大新北高集团董事长苑天舒在《别把工作当儿戏》一书的前言部分曾这样写道:“员工的工作原动力是任何企业都十分关注和感到棘手的老问题。如果不从根本上提升员工的工作原动力,任何企业的战略目标和规划都是难以实现的。”那么,如何提升员工的原动力呢?如果调动员工的积极性呢?员工是否能够自动自发地做事,是否能为自己的所作所为承担责任,是那些成就大业的员工和凡事得过且过的员工之间的最根本的区别。苑天舒接着写道:“提升员工的工作原动力,核心在于‘忠诚’,关键在于‘状态’,基础在于‘能力’。一个企业能不能发展,最重要的因素是人,即这个企业的员工。”

在现代欧美人的意识里,工作是一件被上帝所召唤、命令和安排的任务,而努力完成工作,是人类应尽的职责和义务,同时也是对上帝的恩召和感激之举。

然而,在现实生活中,为了完成自己的职责和使命,我们需要充分地认识到自己喜欢做什么和适合做什么。人有时为了感谢造物主对自己的殊遇,每日必须得完成造物主所安排的工作。按照上天的明确昭示,只有敬业劳作而非悠闲享乐方可增益生而为人的荣耀。

这样,虚度年华和鄙视工作便成了万恶之首,而且在原则上乃是罪不可饶恕。如果在世间履行我们对上帝和人类的职责,就需要对造物主赋予我们的所有能力进行深入的挖掘和培养。正是那些有关敬业、勤奋、忠诚的良知使得我们毕生履行对人类的职责和对上帝的回报。

其实,服务他人,履行自己的职责,就是对自己的庄严。因为一切合法的工作都值得我们尊重。任何人都不能贬低普通员工的价值,问题在于应该正确对待自己的工作。一心只想着高薪,却又不想承担责任的员工,不管是对上司还是对自己,都没有多大价值。

我曾经在乘机时见到过这样一位对待工作十分庄严的人。

乘客刚上飞机时，她会面带微笑地和每一个登机的人员打招呼。她细心地为每一个乘客引座、帮客人放行李、检查安全带……当她向我旁边的乘客提供服务时,那位乘客都绷着脸,摇头拒绝。正在我感到十分奇怪时，突然看见那位服务人员给了我旁边的乘客一条毛毯,那位乘客的神情立即松弛下来。于是我抓住空隙机会问那位服务人员怎么让我旁边的乘客满意时,她告诉我,在她为其他乘客服务时发现那位乘客抱了一下手臂,我听后恍然大悟。

这种热情、主动地帮助乘客解决困难的精神,不仅仅是履行了自己的职责,更是一种庄严地对待自己工作的表现,正是由于她具有这种庄严的态度,才会这么细心地为乘客服务,使乘客满意,也使得自己的工作做得更好。

懂得敬业才能有好发展

在公司的经营运作中，要用大智慧来做决策的大事毕竟很少，而要人脚踏实地地去行动落实的小事却很多。少数人的成功靠的是智慧和运气，而绝大多数人靠的是忠诚和敬业。

敬业，就是尊敬、尊崇自己的职业。如果一个人以一种尊敬、虔诚的心灵对待职业，甚至对职业有一种敬畏的态度，那他就已经具有了敬业精神。但是，他的敬业心态如果没有上升到敬畏这个冥冥之中的神圣安排，没有上升到视自己职业为天职的高度，那么他的敬业精神就还不彻底、还没有掌握精髓。天职的观念使自己的职业具有了神圣感和使命感，也使自己的生命信仰与自己的工作联系在了一起。“只有将自己的职业视为自己的生命信仰，那才是真正掌握了敬业的本质。”这是詹姆斯·H·罗宾斯所说的敬业所要达到的高度。可是，因为没有几个人可以做到敬业如敬生命一样，因此也就没有几个人能够取得真正意义上的成功。

敬业意味着追求卓越。明朝著名思想家朱熹曾说:“敬业者,专心致志以事其业也。”关于敬业,我们可以从两个层次去理解。低层次来讲,敬业是为了对领导有个交代;如果我们上升到一个高度来讲，那就是把工作当成自己的事业，要具备一定的使命感和道德感。不管从哪个层次来讲,“敬业”所表现出来的就是以认真负责的态度做事,一丝不苟,并且有始有终地完成自己的工作。

敬业者将工作当成自己的事,他们忠于职守、认真负责、尽职尽责、一丝不苟、善始善终,他们将会在工作中取得巨大的成就。如果他们对工作总是处在追逐名利、凡事斤斤计较之中,他们就会成为工作的附庸,在工作中也就不会取得任何成就。这就是说,只有那些忠诚敬业的人才有可能达到工作的顶点。如果一个人没有正确的工作观,必然在工作中不认真负责,松懈怠惰,最后导致自己对公司的不满,从而阻碍了公司的发展。因为,公司是建立在合作的基础上的,而加强这种合作的纽带的方法就是促进企业的发展。公司有可能会出现问题,老板也会有些问题,关键在于你对待问题的方式。如果你发现问题后幸灾乐祸,非要辱骂、诅咒和没完没了地贬损不可,那么不如辞职。因为当你身处局外时,你可以尽情发泄。但是,身在其中时,不要诅咒它。当你贬损它时,你身置其中,那么你也是在贬损自己。当然,辞职不应该是轻易决定的事,因为每个老板对是否解雇某个员工都会进行慎重的考虑。如果你轻易就辞职的话,就意味着公司也可以轻易地将你辞退。

所以说,一个敬业的员工会将敬业意识记在心中,实践于行动中，做事积极主动，勤奋认真，这样他就不仅能获得更多宝贵的经验和成就，还能从中体会到快乐。在这方面，美国石油大亨洛克菲勒为我们做出了榜样。

洛克菲勒总是对工作敬业如初，他的老搭档克拉克这样评价他："他有条不紊和细心认真到了极点，如果有一分钱该归我们，他要取回来；如果少给客户一分钱，他也要客户拿走。"

洛克菲勒有一个特点，就是对数字极为敏感，他经常自己算账，以保证钱不从指缝中悄悄溜走。他曾给西部一个炼油厂的经理写过一封信，严厉地问："为什么你们提炼 1 加仑石油要花 1 分 8 厘 2 毫，而另一个炼油厂却只要 9 厘？"类似这样的问题还有："上月你厂报告有 1119 个塞子，本月初送给你厂 10000 个。本月初你用了 9537 个，却报告现存为 1012 个，那么其他的 570 个塞子去了哪里？"像这样指责下属工作不够认真的信很多。他就是这样通过精确数量分析出公司的经营状况，查出其中的弊端并及时纠正，从而有效地控制和经营他庞大的石油帝国。洛克菲勒这种对工作的严谨认真的作风是他年轻的时候养成的。他 16 岁初涉商海，做了一家商行的簿记员。他告诫世人："我从 16 岁开始参加工作时就记收入支出账，记了一辈子。它是使一个人能知道自己是怎样用掉钱的惟一办法，也是一个人能事先计划怎样用钱的最有效的途径。如果不这样做，钱多半会从你的指缝中溜走。"

有条不紊和细心认真是成就大事者的必备素质，在我们的工作中，我们不妨学习洛克菲勒这种敬业的做法。

从洛克菲勒的成功来看，懂得敬业是职业迈出成功的第一步，只要我们在工作中不断认识到这一问题，并不断地培养自己的敬业精神，我们就能拥有成功的可靠保障。

敬业让你更受益

敬业的员工之所以受欢迎，不仅因为他们能向老板有交代，更重要的是他们认识到了敬业是一种使命，是一种责任精神的体现，这样的员工会真正为公司的发展做出贡献，他们自己也才能从工作中获得乐趣和财富，从而更好地工作。

曾经担任日本著名大企业东芝株式会社社长的土光敏夫对员工要求非常严厉。他告诉他的员工说："为了事业的人请来，为了工资的人请走。"惟有为了共同事业的人聚集在一起才能将事业做大，当企业面临困难的时候，他们才会同舟共济。而那些为工资而来的人只看重企业给他们的待遇，若有一天企业出现困难，他们就会一走了之，重新寻找能够满足他们物质要求的企业，更严重者甚至会无中生有，蛮不讲理地把企业告上法律部门。

这就是在职场上常见的两类不同的人,一类人敬业,在工作中认真做事,有始有终,自觉地处处为公司着想;另一类人不敬业,对工作不负责,常常偷懒。只有前一类人才会做出大成绩,才会在职场上得到老板器重,最终出人头地。

曾经有一位利用假期到东京帝国饭店打工的女大学生,最初被分配到清洁组里洗厕所。当她第一天将手伸进马桶刷洗时,差点儿当场呕吐。勉强撑过几日后,实在难以继续,就决定辞职。和她一起工作的一位老清洁工为了劝告她,居然在清洗工作完成后,从马桶里舀了一杯水喝下去。她看得目瞪口呆,但老清洁工却自豪地表示,经他清理过的马桶,干净得连里面的水都可以喝下去。老清洁工的这个举动给了她很大的启发,让她了解到所谓的敬业精神,就是做任何工作,都有理想、境界与更高的质量可以追寻。而工作的意义和价值,不在其高低贵贱如何,却在于从事工作的人,能否把重点放在工作本身并用心去做。此后,再进入厕所时,她不再引以为苦,却视为一种自我磨炼与提升的机会。每次清洗完马桶,她总是扪心自问:“我可以从这里面舀一杯水喝下去吗?”假期结束,当经理验收考核成果时,她在所有人面前,从她清洗过的马桶里舀了一杯水喝了下去!

她的这个举动同样震惊了在场的所有人。毕业后,大学生顺利进入帝国饭店工作。而凭着这种简直匪夷所思的敬业精神,37 岁之前,她成了日本帝国饭店最出色的员工和晋升最快的人。37 岁以后,她步入政坛,最终在大选中成为日本内阁邮政大臣!这位女大学生的名字叫野田圣子。后来,这位被认为最极有潜力角逐首相之位的内阁大臣，每次自我介绍时也还是说:“我是最敬业的厕所清洁工,和最忠于职守的内阁大臣……”

一个人只要有了敬业精神,就能够以一种尊敬、虔诚的心灵对待职业,甚至对职业有一种敬畏的态度。只要他拥有了这种态度,我们就可以说,他已经具备了敬业精神,这是从个人的角度来讲。如果从公司的发展要求来看，任何一个公司都需要脚踏实地的人才,只有公司拥有将自己的职业视为自己的生命信仰的员工,才可以说是真正地掌握了敬业的本质。

IBM 公司的创始人沃森非常看重“敬业”这个问题,并将“敬业”和“思考”作为公司追求的永不终止的信条和追求。他认为,加入一个公司是一种要求员工绝对忠诚敬业的行为，是对自己人生价值的肯定和再造。

沃森曾对员工说:“如果你是忠诚敬业的,你就会成功。只要热爱工作,就会提高工作效率,忠诚敬业和努力是融合在一起的,敬业是生命的润滑剂。对工作敬业的人没有苦恼,也不会因困惑而动摇,他坚守着航船,如果船要沉没,他会像一个英雄那样,在乐队的演奏声中,随着桅杆顶上的旗帜一起沉没。”

IBM 一直坚守着这个信条,并将其渗透到企业的各个层面,使每一个员工都在这一思想和精神的熏陶下，持久地忠诚敬业于IBM 公司,并形成一种强大的凝聚力和向心力。

当然,不是所有敬业的人身上的敬业精神都是与生俱来的,对大多数人而言,敬业精神是需要培养和锻炼的,这种培养和锻炼的起点就是迈入职业的那一刻。从你的第一份工作开始,就要对工作认真负责，就要积极主动地工作，这样经过一段时间，敬业便成了一种自然而然的习惯，即使换到其他的职位上也会一如既往。可见，在职场上，敬业精神是相通的，它将会使职业人士终身受益。

敬业就能成功

在众多的经营要素中，是什么决定了一家公司蒸蒸日上而另一家公司却步履维艰呢？是人，是这个工作中有主见、勇于承担责任、表现出一种忠于公司、忠于组织、对自己的工作敬业如魂的人。我们知道敬业者是表现出自觉自动精神的人，不管这个人是如何默默无闻，最后他的价值都会得以体现。如果你不能敬业，你就无法让自己得到令人羡慕的本领，就永远都不可能精于业。敬业的目的是精于业，而不是知道皮毛就足矣。

一位美国总统在德克萨斯州一所学校演讲时，对学生们说："比其他事情更重要的是，你们需要知道怎样将一件事情做好；与其他有能力做这件事的人相比，如果你能做得更好，那么，你就永远不会失业。”也就是说，知道如何做好一件事，比对很多事情都懂一点皮毛要强得多。

有这样一段话：“如果我们在工作中能够像冲锋在战场上的勇士一样，能够冒着生命危险去完成一项艰险的任务，不计荣耀、奖赏和回报，筚路蓝缕，披荆斩棘，历尽千难万险，你在工作中还有什么可惧怕的呢？”

想想看，我们自己如何呢？我们常会对自己的奋斗和付出没有得到预期的回报而抱怨不休，会埋怨自己的理想和目标总是没有实现。所以说，在现实生活中，我们常常会遇到这样那样的困难，困难会使我们受到挫折和打击，怎样才能成功呢？我的答案是，只要我们有一颗坚强百折不挠的心，虽然屡遭挫折，却不放弃，我们就能够走向成功。具备这种精神的人，我们是不是应该努力效仿？是不是在真的竭尽全力献身于自己所从事的事业呢？事实不是这样，有许多人都曾为一个问题而困惑不解：明明自己比他人更有能力，付出更多，但是成就却远远落后于他人。这是什么原因造成的呢？因为他们没有记住罗斯福对我们的告诫，他说：“只要你能利用现有能力、现有环境，做自己想做的事，你就能比其他人成功。”

毕竟成功不是成名与立功，而是你自己的成熟并与社会同功。个人的成功当然不与社会的成功、他人的成功完全一致，但这无疑是处在一个系统中的。从最根本来看，个人的成功源于社会的成功。我们只要对社会做出贡献，才能说是真正成功与幸福的。可见这其中有很重要的两点：一，要发挥个体的主观能动性；二，要完全自觉地与社会、他人协调好关系。两者缺一不可，否则就无法成功。

因此，无论我们从事什么职业，都应该渴望完成自己的工作，对自己的目标抱着初恋般的热情。只有我们能够百折不挠地去达到自己的目标，不计荣辱，才能使自己变得比他人更成功，才能赢得良好的声誉，也就拥有了一种潜在成功的秘密武器。

有一个人曾经就个人努力与成功之间的关系请教一位伟人："你是如何完成如此多的工作的？是如何取得成功的？"

这位伟人最后告诉了他成功的秘密武器：不允许任何绊脚石阻挡自己的道路，任何事情都不能阻止他去完成自己的任务。为此他还反问道："你愿意像《把信送给加西亚》这本书中所描写的罗文一样，负重前行，去为事业而奋斗吗？"

我们知道，罗文在送信的过程中，千方百计克服困难，去完成自己的任务。丛林密布、山峦险峻、蛇毒水臭、蚊虫叮咬、敌军穿梭，他都无所畏惧。整整三个星期，他在密林中辗转前行，徒步穿越了险恶之地，完成了自己的使命。

这就是说，做事一丝不苟的精神能够迅速培养起一个人的敬业精神，使其获得超凡的智能。如果你有敬业精神，甘愿并且有能力为此而行动，你就能够激励更多的人往好的方向前进，你就能够鼓舞优秀的人追求更高的境界。所以说，无论我们做任何事，务必竭尽全力，因为它可以决定一个人日后事业上的成败。一个人一旦领悟了这一秘诀，就等于他已经掌握了打开成功之门的钥匙，就能在敬业的基础上精于业，就会获得不小的成就。

珍惜你的工作

珍惜自己的每一份工作，这是每一个成功者都牢记的一句话。当有人问起他们怎么对待自己的职业时，他们给出的都会是相同的答案。

当今社会，有许多人极其错误地认为，公务员、银行职员或者大公司的白领所从事的工作才称得上是工作，是值得一干的工作。然而，他们的这种观念需要立刻改变，否则将会成为社会精神丧失的表现。

对个人而言，无论你从事哪个行业，也不论你是公司的高层还是普通员工，千万不要看不起自己的职业、轻视自己的工作。如果你对自己的工作没有信心，认为那不是一种好的职业，你无疑是给自己成功道路设了一道障碍。只有主动积极地工作才能为你的职业发展赢得一个好的开端，做出一个好的铺垫。

很多刚刚走出校园的年轻人，他们根本看不到工资以外的东西，对待工作，他们没有信心、没有热情，工作时总是采取一种应付的态度，能躲避就躲避，敷衍了事，以此来应付老板。他们只想对得起自己挣的工资，从未想过这种举动是否会丧失许多发展机会。他们对自己的工作，没有一点珍惜的成份，也没有想过要对自己的工作敬业、负责。

作为一名员工，不仅要做自己爱做的事，也要爱自己所做的事。努力做好自己所做的事，是顺应上天给你的安排，也是为将来寻找更适合的工作做准备。

小张是一个非常有学问的人，不论在学校里，还是在公司里，他都十分优秀。他毕业后，到了一家文化公司工作，这家文化公司是刚成立不久的。在那里他是一个校对人员，每个月只有800多元的工资，而且常常加班。他有许多在大企业工作的同学都劝他换一个工作，说这么低的工资不值得他如此卖力。可是他始终没有放弃，从不抱怨自己工资太低。为了鼓励自己工作，他还在办公桌上留了这样一块牌子“珍惜自己的每一份工作”。就这样，小张一干就是半年多。在这半年多的日子里，他诚恳踏实的态度受到了老板的关注，一年以后，他的工资就到了每个月3000多元，并且被升职到编辑部做主任。在新职位上，小张继续保持自己良好的工作习惯。由于小张对待工作认真、负责，最后被提升到副经理的位置上，成为文化公司中收入仅次于老板的人。所以说，不论你身在什么位置都要珍惜自己的工作。只有如此，才能一心一意地投入到工作中。

有一位企业家，他对自己的员工这样说道：每一个人，只要选择了你的工作，就要珍惜这份工作，就要干出一番事业来，也许现在做的工作别人不放在眼里，但你们要坚信总有一天会成功。另外，经过这些年，我也总结出一些成功的经验了，那就是下面几点：一，找到一份工作；二，珍惜你所做的任何工作；三，养成忠诚敬业的习惯；四，认真仔细观察和学习；五，成为不可替代的人；六，培养成有礼貌、有修养的人。

从这位企业家说的话来看，它告诉我们：你选择了某一项工作，就要努力地去珍惜这份工作，在工作中要打起精神，不断地激励自己、训练自己、控制自己。在工作中要有坚定的意志，不断地向前迈进。如果你发现这份工作给你带来无尽的热情和兴趣，那么恭喜你找到了自己心爱的职业。如果这份工作没有给你带来大的乐趣，没有给你发挥才能的空间，你也应该珍惜，因为你对工作的勤奋和认真态度将使你在今后的道路上受益良多。

所以，你可以不喜欢你的公司，讨厌你的老板，但你在工作的时候一定要努力去爱你的职业，珍惜你的每一份工作。

第九章　保持工作的效率

效率是职场竞争的关键一环，在工作中谁掌握了效率，谁就提前得到了快速提升的法宝。有些人一直在忙碌但就是不见成交，那么，他就有必要反思自己的工作方式，重新为自己找一条合适的途径以实现事半功倍的效果。

专注才有效率

专注和效率就像一对孪生兄弟，能够在工作中做到专注的员工,往往有着较高的工作效率。对那些在工作中整天忙碌而效率低下的员工来说,专注是提高他们工作效率的重要方法。同时,按工作重要性进行排序,把工作尽量简化也是专注的要求,只要按照这些要求去做,就会在无形中提高自己的工作效率。所以,在未来的挑战中,告诉自己,全神贯注于眼前的任务,不要让纷繁的表象把你吓住。一个人在工作中常常难以避免被各种琐事、杂事所纠缠。有不少人由于没有掌握高效能的工作方法，而被这些事弄得筋疲力尽,心烦意乱,总是不能静下心来去做最该做的事,或者是被那些看似急迫的事所蒙蔽,根本就不知道哪些是最应该做的事,结果白白浪费了大好时光,致使工作效率不高,效能不显著。所以,我们有必要看一看那些工作出色的人是怎么对待自己繁忙的工作的。

纽约中央火车站的问询处每一天都是人山人海的,匆匆的旅客都争抢着询问自己的问题，都希望能够立即获得答案。所以问询处的那些服务人员工作的紧张程度与压力就可想而知了。疲于应对可能是他们的共同感受。可柜台后面的那位服务人员却是个例外，他看起来一点也不紧张，这实在是令人不可思议。这位服务人员身材瘦小，戴着眼镜，一副文弱的样子，却要面对大量缺乏耐心和混乱的旅客，让人很难想象在如此巨大的压力面前他还能镇定自若。

在他面前的旅客，是一个矮胖的妇女，头上戴着一条头巾，已被汗水湿透，她的脸上充满了焦虑与不安。询问处的先生倾斜着半身，以便能倾听她的声音。“是的，你要问什么？”他把头抬高，集中精神，透过他的厚镜片看着这位妇人，“你要去哪里？”

这时，有位穿着入时、一手提着皮箱、头上戴着昂贵帽子的男子，试图插话进来。但是，这位服务人员却旁若无人，只是继续和这位妇人说话：“你要去哪里？”“春田。”“是俄亥俄州的春田吗？”“不，是马萨诸塞州的春田。”他根本不需要看行车时刻表，就说：“那班车是在10分钟之内，在第15号站台出车。你不用跑，时间还多得很。”“你说是15号站台吗？”“是的，太太。”“15号？”“是的，十五号。”

女人转身离开，这位先生立刻将注意力移到下一位客人——戴帽子的那位身上。但是，没多久，那位太太又回头来问一次站台号码。”你刚才说是15号站台？”这一次，这位服务人员集中精神在下一位旅客的身上，不再管这位头上扎丝巾的太太了。

有人询问那位服务人员：“能否告诉我，你是如何做到并保持冷静的呢？”

那个人这样回答:“我并没有和公众打交道，我只是单纯处理一位旅客。忙完一位,才换下一位。在一整天之中,我一次只服务一位旅客。”

“在一整天里,一次只为一位旅客服务。”许多人在工作中把自己搞得疲累不堪,而且效率低下,很大程度上就在于他们没有掌握这个简单的工作方法:“一次只能解决一件事。”他们总试图让自己具有高效率,一次想做很多事,而结果却往往适得其反。

“一次只做一件事”,就意味着集中目标,不轻易被其他诱惑所动摇,经常改换目标,见异思迁或是四面出击,往往不会有好结果。“一次只做一件事”还意味着一个人在某一段时间里只能把精力集中于一件事情,把一件事做到底。纵观成功与失败的案例,大约有50%的情况是由于半途而废,未能坚持下去所致。“人人都能成功”,其中最重要的诀窍之一就是一次只做一件事,把一件事做到底。目标集中,坚定地走向目标,这是事业成功的基本保证。

一个人的精力是有限的,所以你应该先做最重要的事,依次而下。只有当你专注于最重要的事情，你才能更有效地使用你的精力。完成一件事后再开始做下一件事,才能提高效率。在工作中不是每一件事都同等重要,我们在用有限的精力去面对多件事情时,就要学会从中选出最重要,最需要马上处理的事情,专注地把它做好。千万不要眉毛胡子一把抓,这是最没有效率的一种方法。

专注于你的工作

你要想让自己成为强者，必须这样要求自己做事的习惯：专心地把时间运用于一个方向上，这样你就能集中精力，解决迫在眉睫的难题。每个人都整天在做事。假如你早上7点钟起床，晚上11点睡觉，你做事就整整做了16个小时。对大多数人而言，他们肯定是一直在做一些事，惟一的问题是，他们做很多很多事，而成功者只做一件。假如你将这些时间运用在一个方向、一个目标上，你一样会成功。

所以说，成功最重要的特质之一是专注。因为专注的员工会对自己的业务主动提出改善计划。因为在自己的业务方面，你就是专家，即使再优秀的领导也不可能做到样样精通，因此你要钻研自己的业务，经常考虑自己的工作有什么地方可以改善。因为，往往业务流程上做一点点的改进就可以增进公司的一大笔利润。

专注的员工不断地追求完美。正是有这种追求，才有了事业与人类社会的不断进步。事实上,每个人都可以通过自己的努力促进事业的发展。

任何一个人,只要对某一项事业执著地追求,聚精会神,就能产生超乎寻常人的能力,排除难以想像的困难。当你专注于某一事业,埋头苦干、专心致志时,你所做出的事,可以让你大吃一惊。比如,在工作中,我们专心地投入到某一件事中,一天的几个小时会在不经意间就过去,这就是专注的表现。

成于专而毁于杂,这是经过无数人实践证实的真理。

有一种游戏叫俄罗斯方块,这种游戏最能体现出一个人是否专注。当我们专注于其中,这款游戏就能持续不断地玩下去,如果我们一边玩游戏一边看电视或做其他事,很快,游戏就会陷入死亡的境地。

美国钢铁大王卡内基还说过这样一段话:“把你所有的蛋放在一个篮子里,然后看着这个篮子,不要让任何一个蛋掉下来。”这一形象的比喻,告诉我们一个真理:一个人确定方向后,必须聚中精力去完成。

爱因斯坦在发现短程线理论之前,是经过长期的观察、测量和计算才得出的结论。这一路上,爱因斯坦付出了多少心血,只有他才能体会到。

爱因斯坦对自己的发现简直入了魔。有一次,他从梯子上摔了下来,造成骨折,家人将他抬到床上,请了一位老人来替他医治。这其中,爱因斯坦一声不吭,脸上也没有什么表情,他的表情可把家人急坏了,大家都认为是摔下来时摔坏了大脑。几天过去后,爱因斯坦又好了，于是家人追问他，为什么在医治脚时他一声不吭，可爱因斯坦的回答让家人哭笑不得。他说："什么时候帮我医治脚，我不知道啊！"经过家人的解说后，爱因斯坦知道了事情的经过。原来，爱因斯坦从梯子上摔下来后，一直沉醉在他的理论思考之中，他在思考：为什么下落者要笔直地掉下来。他一直在思考这个问题，所以对他的骨折他一点都不知道。也正是爱因斯坦这样长时间专注地思考，所以，短程线理论诞生了。

科学理论的创立是"专注"的产儿，艺术窗口的问世也是专注所创造的结果。

中国的唐三彩是出了名的。有一个年轻人，他很想烧制出更好的作品，于是去拜访一位大师，当他走进大师的制作间时，大师带年轻人去看一件他刚完成的作品，让他看看这件作品还有没有什么缺陷。

在年轻人的眼中，大师的作品已经很完美了，于是对大师说："你的作品非常得完美，我找不到任何缺陷。"

大师笑了笑，然后对年轻人说："你看那儿，如果马背的线条能再低一些，我想会更好的……"大师一边说，一边拿起工具对作品展开修饰。

大师非常的仔细，旁若无人地干了一个多小时，他没有和年轻人说过一句话，也没有看过年轻人一眼，在他的眼中，除了面前的作品，其他的什么都没有，他把什么都忘记了，好像天地间只有作品的存在。当大师把作品修饰完之后，他便走了出去，可还没有走到门口，他忽然想起了还有一位客人在等他，于是不好意思地想对年轻人道歉，可是年轻人没法接受大师的道歉，因为他已经得到了他想得到的东西。

他对大师说："不，大师，你不用和我说什么道歉的话，应该是我向你说谢谢。我在这一天所得到的收益，已经比我多年来的学习还多。一个人可以如此完全忘记了时间与整个世界，这个认识，使我得到了空前绝后的感动。这一个小时，使我把握住了一切艺术、一切事业成功的秘密——专注。我知道了，只有集中所有的精力去完成每件作品，才能制作出真正的完美作品。同样地，我也知道了，不论事情的大与小，只有把我们容易分散的意志贯注在小小的点上，我们才能得到最大的收益。"

做什么事情朝三暮四，或者什么都想做，其结果只能是耗费了精力却得不到结果，到头来落得竹篮打水一场空的结局。只有把蛋集中在一个篮子里，并全力以赴关注蛋的人，才能产生出最大的效益。

把精力全放在工作上

耶稣说过:“你们要给人，就必有给你们的。并且用十足的升斗,连摇带按,上尖下流地倒在你们怀里。因为,你们用什么量器给人,也必用什么量器给你们。”这里,耶稣讲出了一条生活的重要法则。许多著名的成功人士,也都深深懂得这个道理。

倘若你热爱自己的工作，你就会将自己的全部精力用在工作上,充分发挥自己的聪明才智。

国际上最著名的恐怖小说大师斯蒂芬·金就是这样人。虽然他的经历十分坎坷,但他却把自己的全力精力用在了工作上,最后获得了成功。说起斯蒂芬·金的经历,他曾经因穷得交不起电话费而被电话公司给掐断了电话线。后来,正是他不懈努力,最终成就了他国际恐怖小说大师的地位,因为他每天都做着同一件事:从天刚放亮到夜深人静,他都伏在打字机前,专心地写作。他常年累月地这样工作,一年仅仅给了自己三天休假:生日、圣诞节和独立日。正因为斯蒂芬·金把全部精力都用在了工作上，才给他带来了源源不断的创作灵感，也给他带来了成功。

所以说，把全部精力用在工作上吧！不要在乎别人的看法，也不要担心你是否做得最好。你的努力就是工作成功的起点。当你通过自己的努力获得成功时，你就能与他人共享你的富有。当别人与你共享你的富有时，有形与无形的酬报就将成为你日常生活的一部分。有形的酬报包括你为他人完成了一项工作，他人以工资的形式向你回报。无形的酬报包括他人给你的答谢以及你所获得的好名声。另一方面，倘若你仅仅为工资而工作，只做仅仅保证你能够领回工资的那一点儿分内事，那么，你就会变得渐渐轻视自己的工作。

廖晨星就是一个没有把全部精力用在工作上的人。他每天上班8小时，每周上班5天，年复一年，仅仅为领回自己的工资而工作着，多一分力气也不愿出。他总是显得很疲劳，而且满腹牢骚，经常为工作上的问题牢骚不断。

不过，廖晨星还有一件喜欢做的事情，就是看女儿打垒球。当学校邀请他去做垒球联队的教练时，他热心地答应了。尽管训练这些女孩子们要花费他很多的时间和精力，但廖晨星一点儿也不在意。他说，他跟球队在一起时简直浑身是劲。最后，在廖晨星的悉心指导下，这个垒球联队获得了比赛的第一名，廖晨星也因此而受到家长们热情洋溢的赞扬。

幸运的是，故事并没有到此结束。在妻子的督促下，廖晨星决定就他的工作问题去请教心理医生。医生建议他用训练孩子们打垒球的热情去干自己的工作。他很不情愿地答应试试看。

令廖晨星惊讶的是，他开始感到，工作的确使他有了一些乐趣。他逐渐关注起同事的生活。他向自己提出了挑战——改变从前的工作方式。他开始将自己视作这个工厂的主人，而不仅仅是一部机器上的齿轮。他向上司提出了一些改进部门工作方式的建议。这样，更加令他惊讶不已的是，他现在在下班之后还在考虑如何改进工厂的工作方法！如今，他每天一早醒来不再昏昏沉沉，而是精神焕发，浑身充满了工作热情。廖晨星在人生道路上获得了宝贵的经验：不论我们做什么事情，都要真诚、执著地奉献出自己！

在我们的人生历程中，每个人的人生目标贯穿于整个生命，我们在工作中所持的态度，都会影响到我们的发展。由于每个人的职业目标不同，所产生的效果就不一样，有的使你思想开阔，有的使你更狭隘，有的使你的工作变得更加高尚，有的使你的工作变得更加低俗。

对于我们自己的工作，在一定程度上都取决于我们对自己工作的喜爱程度，如果我们用世俗的标准来衡量我们的工作，我们所从事的工作或许是毫无生气、单调乏味的，或许是没有任何意义可言，更甚者也没有任何吸引力和价值可言。

当一个人从事他所喜爱的工作或是为他所喜爱的人工作时，这个人将发挥出他最大的效率，而且也将更为迅速、更为容易地获得成功。哪怕有些工作从表象看起来索然无味，只要我们能够深入其中，就能认识到其意义所在。因此，无论幸运与否，我们都必须从工作本身去理解我们所从事的工作，将自己所做的工作看作是人生的权利和荣耀。只有这样,我们才能保持个性的独立,才能理解无论我们从事什么工作，只要我们把爱的情绪融入到自己的工作中,这项工作就会变得对人生具有十分深刻的意义。

由此可以看出,一个人一生当中孜孜以求的,就是拥有一份好工作,只有拥有了自己喜欢的工作,我才能投入所有的精力,把事情做好。凡是没有受到我们重视的事情,就往往不能干好。一旦我们能够使自己的灵魂获得荣耀,生活也就具有了更大的意义。给予与奉献,与资产投入颇有些类似。

倘若我们在投资上毫不用心,不肯花精力,也不去做调查,那么,从长期来看你多半是要失败的。倘若不是这样,我们将自己的精力、热情和聪明才智都花在了投资上,那获得成功的概率就会更多一些。

记住,在工作中,仅仅投入了时间,并不意味着奉献出了自己。因为,“你们用什么量器给人,也必用什么量器给你们”。所以说,成功的起点就是要热爱自己的工作。只要我们热爱自己的工作,我们的生命就会焕发出从未有过的光彩!

积极主动才有效率

在我们的人生历程中，我们不能凭一种懒汉的行为去对待自己，我们应该用一种积极主动的态度去对待。有些人在工作中，总是用一种平庸的心态去对待工作，他们通常认为自己付出了多少，只要对得起从公司拿到的薪水就行了，他们不会主动加班，也不会积极主动地去完成工作，他们稍遇挫折就心灰意冷，总觉得这个社会欠了他太多。他们总是抱着平庸的态度去做事，结果他们的一生也就平平庸庸了。

一个人的工作有没有主动性、有没有追求完美的精神，对工作是具有本质的影响的。

例如，在北京有一家做图书代理的公司，业务主管让三位员工去做同一件事：去北京的各大书店了解一下最近的图书市场情况如何。

第一位员工 20 分钟就回到了公司，他对业务主管说，他去了最近的一家图书书店，他已经向该书店的员工询问了情况，接着就向业务主管汇报了他了解到的情况。

第二位员工 45 分钟后回到了公司，他亲自到某某书店了解了情况，然后自己在该书店把各种书翻看了一遍。

第三员工却在 5 个小时之后才回到公司，原来他不但去了前两位员工去过的图书店，他还去了 10 多家书店，并把每家书店的情况都一一作了记录。在回来的路上，他还去了一些出版社，把最近的图书市场和出版情况也作了了解，然后他还找到一个麦当劳，害怕把了解到的情况遗忘，他就作了记录，然后，才回到公司。

第三位员工的态度，正好向我们表现了他的一种积极主动的工作态度，而这种态度，也正是每一个追求成功的人应具有的人生态度。对于那些讲究主动，善于最大限度地挖掘自身潜力的员工来讲，注重自己以公司贡献作为奋斗目标是他们的必然选择。他们不会仅仅看到自己的工作，而且有着一种超越的胸怀，把目光盯向目标。他们非常看重自己应该承担的责任，常常会反省自问："我是否对我的人生有着更好的向往，我是否对我所在的公司作出贡献，这种贡献是否对企业的业绩和成果产生了深远的影响？"

所以说，要想达到事业的顶峰，你就要具备积极主动、永争第一的品质，不管你做的是多么令人扫兴的工作。成大事者与庸人之间有个最大的区别，那就是，前者善于自我激励，有种自我推动的力量促使他们去工作，并且敢于自我担当一切责任。成功的要诀就在于要对自己的行为作出切实的担当，没有人能够阻碍你的成功，但也没有人可以真正赋予你成功的源动力。

因此，我们不应该抱有“我必须为老板做什么”的想法，而应该多想想“我能为老板做些什么”。一般人认为，忠实可靠、尽职尽责完成分配的任务就可以了，但这还远远不够，尤其是对于那些刚刚踏入社会的年轻人来说更是如此。要想取得成功，必须做得更多更好。

如果你是一名货运管理员，也许可以在发货清单上发现一个与自己的职责无关的未被发现的错误；如果你是一个过磅员，也许可以质疑并纠正磅秤的刻度错误，以免公司遭受损失；如果你是一名邮差，除了保证信件能及时准确到达，也许可以做一些超出职责范围的事情……这些工作也许不是你的职责，但是如果你做了，就等于播下了成功的种子。

付出多少，得到多少，这是一个众所周知的因果法则。也许你的投入无法立刻得到相应的回报，也不要气馁，应该一如既往地多付出一点。回报可能会在不经意间，以出人意料的方式出现。最常见的回报是晋升和加薪。除了老板以外，回报也可能来自他人，以一种间接的方式来实现。

对百万富翁成功经验的研究也反复证明额外投入的回报原则，尤其是在这些人早期创业时，这条原则尤其重要。当他们的努力和个人价值没有得到老板的承认时，他们往往会选择独立创业，在这个过程中，早期的努力使其大受裨益。你付出的努力如同存在银行里的钱，当你需要的时候，它随时都会为你服务。

所谓的主动，指的就是随时准备把握机会，展现超乎他人要求的工作表现，以及拥有“为了完成任务，必要时不惜打破成规”的智慧和判断力。一个优秀的管理者应该努力培养员工的主动性，培养员工的自尊心。自尊心的高低往往影响工作时的表现。那些工作时自尊心低的员工，墨守成规、避免犯错，凡事只求忠于公司规则，老板没让做的事，决不会插手；而工作自尊高的员工，则勇于负责，有独立思考能力，必要时会发挥创意，以完成任务。

有条不紊地工作

许多人在面对自己的工作时都会说："每天都累的半死，找不着头绪，不知道该先干什么，有时还会被突如其来的工作搅乱了自己的原定进程。"这就说明他们的工作没有次序，零乱是他们生活和工作的大敌。

秩序是工作的第一法则。要想成为一名优秀的员工，你一定要有秩序地工作，从清理你的办公桌开始。成功迈向你人生目标的第一步就是清理掉积压在办公桌上的各类文件、档案以及那些突然而来，使你措手不及、又使你耗费精力的工作。在现实生活中，许多人都是这样,这正如法国哲学家布莱斯·巴斯卡所说:“把什么放在第一位,是人们最难懂得的。”许多人都不幸被这句话言中,他们完全不知道把人生的任务和责任按重要性排列。在确定了应该做哪几件事情之后,你必须按它们的轻重缓急开始行动。大部分人是根据事情的紧迫感而不是事情的优先程度来安排先后顺序的。这些人的做法是被动的而不是主动的。所以,他们经常会被许多事缠的头昏脑胀,无所适从。因此,对于他们而言,每一天的开始都制定一张优先表是很有必要的。

伯利恒钢铁公司总裁查理斯·舒瓦普曾会见效率专家艾维·利。会见时,艾维·利说自己的公司能帮助舒瓦普把他的钢铁公司管理得更好。舒瓦普说他自己懂得如何管理,但事实上公司不尽如人意。可是他说自己需要的不是更多的知识,而是更多的行动。他说:“应该做什么,我们自己是清楚的。如果你能告诉我们如何更好地执行计划,我听你的,在合理范围内价钱由你定。”

艾维·利说可以在10分钟内给舒瓦普一样东西,这东西能使他公司的业绩提高至少50%。然后他递给舒瓦普一张空白纸,说:“在这张纸上写下你明天要做的最重要的6件事。”过了一会儿又说:“现在用数字标明每件事情对于你和你的公司的重要性次序。”这花了大约5分钟。艾维·利接着说:“现在把这张纸放进口袋。明天早上第一件事情就是把这张纸条拿出来,做第一项。不要看其他的,只看第一项。着手办第一件事,直至完成为止。然后用同样方法对待第二件事、第三件事……直到你下班为止。如果你只做完第一件事情,那不要紧。你总是做着最重要的事情。”艾维·利又说:“每一天都要这样做。你对这种方法的价值深信不疑之后，叫你公司的人也这样干。这个实验你爱做多久就做多久，然后给我寄张支票来，你认为值多少就给我多少。”

整个会见历时不到半个钟头。几个星期之后，舒瓦普给艾维·利寄去一张25万美元的支票，还有一封信。信上说从钱的观点看，那是他一生中最有价值的一课。后来有人说，5年之后，这个当年不为人知的小钢铁厂一跃成为世界上最大的独立钢铁厂，这其中艾维·利提出的方法功不可没，而这个方法为舒瓦普赚得一亿美元。

当然，人们确定了事情的重要性之后，不等于事情会自动办得好。你或许要花大力气才能把这些重要的事情做好。这就是说：

第一，你要学会估价。你要用目标、需要、回报和满足感这四项内容对将要做的事情做一个评价。

第二，去除你不必要做的事情。把要做但不一定要你做的事情委托别人去做。

第三，估计所有事情的详细资料。记下你为目标所必须做的事，包括完成任务需要多长时间，谁可以帮助你完成任务等资料。

当你确实按照以上方法去做了，你会发现，你可以轻松地做好每一件事。你也就不会再为自己的忙碌而担忧了。

保持工作的效率

工作效率是每一个职场中人的追求，没有谁愿意将自己的时间浪费在一件事情上。为此哈佛大学教授米契尔·柯达博士总结了保持高工作效率的六大法则：

1.培养动力

成功的第一条法则是具备动力。在考虑如何成功之前,你必须先具备做一件事的动力,它是一股积极向上的力量,是一种朝正确方向去做事情的盼望,是积极完成既定工作目标的动力。有些人从小就有这种动力，他们一心一意地去做他们所做的每一件事,所以,他们必然会成功。另一些人只是在他们愿意或不得不去做的时候,才会尽力,这时他们身上的动力往往不足以对付一条艰难的上坡路。所以,大多数的时候失败也就成了必然。

发挥动力的最佳方法应该是：把你一天的时间分割成若干小部分,先把这项完成,然后再继续做下一项。这样会帮助你加快速度，并且不断享受完成任务的轻松感。

多年前，米契尔教授也曾经总是在焦躁和恼怒的情绪中开始每天的工作。来到办公室，桌子上已是一片信海，电话铃在响，人们排着队等待会见。等到11点钟，他已被搞得过度紧张，筋疲力尽了，拼命工作了两个小时，却一件事也没做成。最后他决定，在每天一开始就尝试先完成重要的事，不管它是多么琐碎。他决定先利用第一个小时回复信件，不接电话，也不见任何人。他把这些来信视为工作的一个独立部分，重要且只能在有限的时间内做好。当他读完信，并做了回复，他便会如释重负般地呼出一口气，再继续接电话或进行会谈等工作。

2.控制惰性

很多人之所以失败，是因为懒惰。如果让这种惰性发展下去，它将会产生一种永久的惯性。克服的办法是改变它，让消极转化为积极。

也就是说一开始你就要控制惰性，等这种控制成为习惯时，你马上就会发现这股控制力根本是用之不竭的。记住，着手做某件事情后，就去完成它。精力在成功之中更新，而在事情的拖延之中衰败。如果在每天早晨就开始犹豫不决，那么，一整天你都会继续这种状态，之前那股活力就会逐渐消退了。

3.顺其自然

许多人是把自己锁在与自己的日常习惯和行为相反的生活模式中来度日的，再没有比这更具有破坏力了。假如你不是一个早起的人，就不要硬把重要的工作计划安排在上午完成。如果你喜欢早睡早起，那就不如试着一大早便去实行最困难的工作。

假使你想增加自己日常工作的完成量，那就得设计一个切实可行而且行之有效的计划。但它必须是富有弹性、灵活可变的，以便让你能不时地改变工作速度。当然，你可能会不得不一次又一次地改变你的工作计划。因此，不如让自己在精神与身体都能密切合作的情况下工作，免得某一方不愿配合，让你延误了工作进度。

4.抵制厌倦

厌倦对一个人工作效率的损伤是无法估计的。假如你陷入了烦躁之中，不妨按下列方法做个尝试：

和自己打赌，在一天结束之前，你能完成你必须完成的工作，并记得在完成时给自己一些奖励。

每天为自己定下一个主要目标。无论放弃其他什么事情，都要达到这个目标。

在一星期中以某一天为忙碌日，将大部分琐碎和恼人的事都安排在那天。

不要把每天当作时间的延续，那样会将没完成的工作延续到下一天。

有成就的人在计划他们的生命时，是着眼于每一天的成就，让每一天都有收获。这种紧迫感自然会导致全神贯注地工作。因此要学会把每一天视为一个重要且独立的时间单位，并用今天你所完成的工作来评价自己的表现。就会减少对待工作的厌恶感。

5.记住你需要记住的

如果你想成功，就不能健忘。然而，用脑袋去记忆那些很容易写下来的东西，简直是在浪费记忆力。不如输入到自己的个人计算机或 PDA 里，许多商务人士都用这些科技产品来解决他们业务上的琐碎事情。

帮助记忆的另一个方法是去注意你要记忆的东西。如果说有成就的人具有非凡的记忆力，那是因为他们完全地投入到他们所做的事情当中，对他们来说，记忆那些与他们兴趣相关的事实、数字和名字完全不成问题。但你首先必须找到哪些资料对你是重要的，进而作出优先的选择。

6.善于幻想

许多有成就的人承认，他们常常幻想，这些幻想刺激他们向着既定的目标前进。因此想要做的事情越多，自然能够做的也就越多。这些幻想并非只是空想，而是计划未实行前的初步构想，他们时常思考，时常让脑袋里的新鲜点子出来透气。请记住，与自己的意愿做斗争所消耗的精力越多，用于你工作中的精力则越少。

合理安排你的时间

能够在事业上做出卓越成绩的人都是时间管理的专家，格里在威格利南方联营公司当了20多年的总经理，该公司是美国最成功的超级市场之一，他获得了许多值得引以自豪的荣誉。第一，他的工作历程记录几乎为所有的总经理所羡慕，这个记录中包括连年不断的销售记录和利润记录。第二，他毫不松懈地连续应用计划、组织、授权、激励、评价和控制等基本原则，显示了他专业管理的精神。第三，他献身时间管理原则的事迹已经得到大量赞扬。在格里看来，正确的管理基础是良好的时间管理。

所以说，时间在哪里，成就就在哪里。正常情况下，付出与回报是大体成正比的，你在一件事上投入多少时间、多大的精力，就会有多少收获。人的精力是有限的，能取得怎样的成就，关键就在于如何管理时间，分配时间，如何能把时间分配到你所专注的事情上去，如何能使自己的精力集中在想要专注去做的事情上，否则即便说一万次要专注去做某件事，却被别的事情缠得脱不开身，那么结果仍然会是一无所成。

那么，我们不妨来看一下所谓时间管理的误区是什么：

误区之一：工作缺乏计划

尽管计划的拟定能给我们带来诸多的好处，但有的人从来不做或是不重视做计划，原因不外乎如下几条：

（1）因过分强调“知难行易”而认为没有必要在行动之前多做思考；

（2）不做计划也能获得实效；

（3）不了解做计划的好处；

（4）计划与事实之间极难趋于一致，故对计划丧失信心；

（5）不知如何做计划。

有些事情固然是易行而难料的，但若过分地强调这一点，则有可能养成一种“做了再说”或“船到桥头自然直”的侥幸心理，所以，这不是借口。不做计划的人只是消极地应付工作，他将处于受摆布的地位；做计划的则是有意识地支配工作，处于主动地位，并能提高工作效率。不能否认由于目标中拟定假设的客观环境发生变动，计划与事实常常难以趋于一致，所以我们必须定期审察我们的目标与计划，做出必要的修正，寻找最佳途径。

误区之二：组织工作不当

组织工作不当主要体现在以下几个方面：

（1）职责权限不清，工作内容重复；

（2）事必躬亲，亲力亲为；

(3)沟通不良；

(4)工作时断时续；

面对这几种情况,我们首先应该学会如何接受请托:对于我们每一个人来说,所面临的请托可能来自部属、上司、其他同级管理者或是组织以外的人士。在很多请托中,有一类是职务所系而责无旁贷的;另一类虽然也是职务所系,但请托本身却是不合时宜或是不合情理的;还有一类请托则属无义务给予履行的请托,而经常困扰我们的是后两类请托。

倘若我们为了想做广受爱戴的好人而有求必应，则各色各类的请托将从四面八方源源涌来。一旦他办不妥委托的事项,则不仅他所企求的爱戴将化为乌有,而且他将丧失请托者的尊敬。所以在我们接受请托之前不妨先问问自己：这种请托是属于我的职责范围内吗?对实现我的目标有帮助吗?如果接受它,将付出什么代价?如果不接受它,则需承担什么后果?经过这一番“成本效益分析”之后,你就可以决定取舍了。

其次,应该学会利用资源。对于基层人员而言,要善于利用资源，学会从相关的部门或人员手中获取所需的资料，既节约了时间,又保证了信息的正确性。比如你想了解本季度部门考勤信息,不妨去问问部门秘书;想了解公司的考勤信息,不妨去问问公司的考勤管理员等等。其实每个人的精力都是有限的,尤其是管理者更应当学会授权,将主要的精力和时间放在更重要的事情上。

误区三:时间控制不够

有些上层管理者曾经指出，会议竟占去他们日常工作的时间的四分之一，甚至三分之一！然而更令他们感慨万分的是，在这么多的会议时间之中，几乎有一半是徒劳无功的浪费！

误区四：进取意识不强

我们经常说到："人最大的敌人就是自己"。有些人之所以能够让时间白白流逝而毫无悔痛之意，是因为缺乏进取意识，缺乏对工作和生活的责任感和认真态度。如果我们一直处于迟钝的时间感觉中，沉溺于"天上随时掉下大馅饼"的美梦，那就需要好好反省自己了，因为你随时在丧失宝贵的机会，随时可能被社会所淘汰！为了我们这一生的时光不会白白浪费，为了我们拥有的人生梦想，我们还是尽早学会管理自己的时间，而不要把任何托辞作为放松自己的理由。

第十章　热爱你的工作

热爱我们的工作，对工作态度热心、认真，其实就是对我们的生命的热心、认真，是一种热爱生命、热爱人生的体现。美国在线创始人詹姆斯?金姆塞对此也有非常精辟的看法，他说："如果对工作缺乏热情，只是为了薪水而工作，很可能既赚不到钱，也找不到人生的乐趣。"

热爱你的工作

对于所从事的工作，爱与厌，苦与乐，大都存于一念之间。有人成天郁郁寡欢，抱怨自己的工作不好；有人整天心情愉快，把工作当成一种享受。正如安德鲁·卡耐基所言："如果一个人不能在他的工作中找出点罗曼蒂克来，这不能怪罪于工作本身，而只能归咎于做这项工作的人。"

如果我们在工作中都能全身心地投入到自己的工作中去，都把自己的工作期望值做得超出别人的期望，即使是能力一般的人，也能取得很好的成绩。爱因斯坦在上大学时，教授佩尔内曾严肃地对他说："你在工作中并不缺少热心和好意，但缺乏能力。你为何不去学医、学法律或哲学而要学物理呢？"幸亏当年爱因斯坦对自己想做的事有足够坚定的认识，否则今天的物理学就要改写了。

在我们的职业生涯中，我们在寻找职业目标时，也许会碰到像爱因斯坦的教授那样的人，如果我们不能像爱因斯坦那样认识自己,坚守自己,就可能落入自己毫无兴趣的工作陷阱中,我们的满腔热情将无处挥洒。事实上,大多在职场上不得志的员工在干着自己不愿却不得干的事。

美国电话电报公司的总经理西奥多·韦尔就是这样的一位榜样人物,他的成功经历正佐证了我们所讨论的这一话题。

在很多年以前,西奥多·韦尔还是美国一位年轻的铁路邮递员,他和其他邮递员一样,都是在用陈旧的方法分发着信件。大部分的信件都是凭借他们不太准确的记忆来检选后发送的。因此,许多信件往往会因为邮递员的记忆出现差错而无谓地耽误几天甚至几个星期。

面对这样的工作条件,西奥多·韦尔开始寻找另外的新办法。没过多久,他就发明了一种把寄往某一地点的信件统一汇集起来的制度。这件在别人眼里看起来很简单的事,却成了西奥多?韦尔一生中意义最为深远的事情。他的图表和计划吸引了上司们的广泛注意。马上,他获得了升迁的机会。五年以后,他成了铁路邮政总局的副局长,不久又被升为局长,从此踏上了美国电话电报公司总经理的路途。

从西奥多·韦尔以及其他许多成功人士的身上我们可能得出这样一个道理:超过别人所期望你做的,是很值得的。这种额外的工作可以使你对本行业存有一种宽广的眼界,与此同时获得的是更宽广的机会。这就好像西奥多·韦尔所说:“每个年轻人都应该尽力去做一些他职务范围以外的事,不要像机器一样只做分配给自己的工作。只有这样才能引起上司的注意。”

同样地，著名企业家彭尼也说，“除非你愿意在工作中超过一般人的平均水平，否则你便不具备在高层工作的能力。”我们只有作出一些人们意料之外的成绩来，我们才能获得他们的尊敬，才能得到别人的赞同。尤其留神一些额外的责任，关注一些本职工作之外的事，这就是成功人士获得上司注意的方法。其实，想让自己得到上司的重视，有时候并不像我们想象的那么难。在那些微不足道的小事中，往往藏着很多让别人对我们刮目相看的机会。

当然，如果你拥有某一个行业所需要的卓越才能，那么，从事这个行业的工作，你会比别人更容易成功。一般说来，处在能够发挥自己特长的行业里，你会干得更出色，因为你天生就适合干这一行。但是，这种说法具有一定的局限性。任何人都不应该认为，适合自己的职业只能受限于某些与生俱来的资质，无法作更多的选择。

从事任何行业都有机会成功，这就要看你所做工作的态度是否超出了你自己或者他人的期望值。即使你没有某一行业所需要的天赋，你仍可以培养和发展相应的才干。这仅仅意味着随着你的成长，你需要去制造自己的“工具”，而不是仅仅使用某些与生俱来的天赋。的确，如果你具备了某些优秀的特长，那么，在需要这些特长的行业中，你会更容易取得成功。但是，在任何行业里，你都有取得成功的潜能，因为你可以培养和发展任何工作所需要的基本才干。一个正常人与生俱来的素质和潜能，可以帮助他通过学习获得任何工作所需要的能力。

当我们在工作的时候，我们没有把我们所从事的工作看成是别人强加在我们身上的负担。虽然是在打工，但多数情况下，我们都是在为自己工作。只要我们能够喜欢自己的工作，并且能够做自己最擅长的事，勤奋地工作，我们就很容易取得成功。但是，只有我们永远比别人希望的做得更多，而且要带着微笑去做，我们在成功后才能获得最大的满足感。

干一行，爱一行

我们无论干什么，从事什么样的职业都应该做到干一行，爱一行。这不仅是一种敬业的表现，更是我们实现人生价值的根本所在。

我们所从事的职业会因为是我们所喜爱的，而激发我们身体内无限的潜能。我们在做我们喜爱的事情时，心情比较好，自然也就愿意去面对工作中所遇到的困难，进而尽自己最大的努力解决困难，激发自己的潜能。即使尽力做却没有解决问题，我们也不会气馁，因为我们尽力了，付出了，会有一种满足感，而且在失败中我们也能汲取教训，为以后的成功做准备。如果我们尽力把问题解决了，我们会有一种成就感，我们会更加努力的工作，完成自己的工作任务，进而完成自己一个个的人生小目标，实现自己的人生价值。

如何才能干一行，爱一行呢？这就需要我们在选择职业的时候要慎重。既要选择我们感兴趣的职业，又要是我们所擅长的职业。如果我们选择了我们感兴趣却不擅长的职业，我们会在遇到困难时无法解决，太多无法解决的工作大量涌来，不仅会降低我们的工作效率，而且会打击我们的积极性，使自己越来越不想在这个职位上工作了。如果我们选择了自己擅长却不感兴趣的工作，即使我们能够完成工作任务，但也会感到枯燥乏味，没有精神，时间长了，对待工作就会越来越懒散，进而影响工作效率，而且会影响我们的身心健康。

如果我们频繁地更换工作，会使我们在工作岗位上学不到多少东西，无法取得进步，这对实现自己的目标十分不利。所以对于我们来说，与其频繁地改变自己的工作，还不如改变一下自己的工作态度。因为改变工作需要一定的外界条件，而改变工作态度，用一种热心、认真的态度去对待工作就行了，而要达到这一目的，完全取决于我们自己。

事实也是这样，上天对每一个人都是非常公平的，当上天为每一个人关掉一扇门的时候，他又为我们打开了另一扇门。意思就是人人都有天赋，人人都有机遇。天无绝人之路，所以我们不要埋怨自己的弱势和缺陷，而要把注意力集中在自己的优势上面，即关注自己所拥有的东西。这些自己拥有的优势才是我们赖以生存和发展的基础。

一个对工作充满热忱、积极主动的人，无论他眼下是在做如何低下的工作，还是在做着神圣的工作，他都会对他的工作充满兴趣。对自己的工作充满热忱的人，不论他在工作中遇到多少困难，或者需要付出多少努力，他都会用不急不躁的态度去进行。只要我们能够抱着这种态度，我们就一定会成功，就一定会达到人生的目标。

有这样一个例子：一个医生从事本行业几年了，她每天照顾病人越来越感到心烦，她越来越不愿意和病人在一起了。她开始怀疑自己是不是入错了行。她反思自己，终于明白了，她喜欢照顾病人，只不过不喜欢照顾重病人，因为她对成就有不懈的追求，她喜欢看见自己照顾的病人日渐康复。于是她有意地选择照顾那些皮肤病等轻患病人，这样她的工作越来越快乐，她的病人也康复得很快。

优势在工作中的体现就是乐在工作。有的人以为工作和享受是两个完全不同的事情，工作是辛苦的，人们不得不从事工作是为了赚钱。而享受快乐无比，却是要花钱的。我有一个朋友，他非常喜欢花艺，他除了在自己的后院里养上各种品种的花之外，他还为邻居养花，给他们讲解花艺，让邻居们能够享受花带来的清香。这个朋友生活很清贫，因为他常常失业。邻居们聚集在一起商量了一下，决定聘请他来做他们的花艺师，每个星期都上门服务，为此他可以得到一笔养家的钱。这个朋友听说后，难以接受邻居们的好意，一下子人际关系变得紧张起来。他认为，做快乐的事情是不可以赚钱的，工作一定是枯燥的。

有人说:干一行,爱一行。这不错。干工作一定要喜欢,你越是抱着快乐的心情去工作,你就越能够发挥自己的优势,你的为人处事就越会卓有成效。

除此之外,我还要强调:爱一行,干一行。选择自己最喜欢的工作,你就变得越快乐,你就更可能成功,甚至更可能赚上一大笔钱。在我的公司里,我希望我的员工能够快乐地工作,这样才对得起上帝赐予他的天赋。如果不这样做的话, 严格地说是对上帝的大不敬, 但更重要的是对自己的不负责。如果他确实不喜欢现在的工作,那么他就要做一个选择:或者改变态度,快乐地工作,或者更换一个工作。

或者去做,或者不做,二者必居其一;要么全身退出,要么全力以赴。你只能作出一种选择。如果你为一个人工作,那就以上帝的名义去为他工作。

让我们乐在工作吧。尽全力而为之。

想清楚你为公司做什么

在美国民族英雄的著名将领中，麦克阿瑟是军事上最具天才的人物，而他在政治上不是怎么得意。但这不妨碍他对祖国的忠诚，不妨碍他高唱祖国赞歌。1962 年，他对西点学员，说了下面这些话：

“你们终生要以军旅为家——要一心想着胜利。在战争中，你们必须知道是没有任何东西能代替胜利的；如果战败了，我们整个国家就会灭亡；在你们的使命中，必须牢记责任、荣誉、国家。那些能挑起争论的国际国内问题让别人去喋喋不休地辩论吧，那将使员工不知所指，无所适从。但你们要沉着、冷静、清醒，坚守在自己的岗位上，你们是国家防范侵略的卫士；在国际冲突的惊涛骇浪中，你们是国家的救生员；在战争的竞技场上，你们是国家的斗士。在一个半世纪的漫长岁月中，你们日夜戒备，英勇御敌，保卫了国家解放、自由、正义和公司的神圣传统。让公众去争论政府的功与过吧！让他们去争论连年的财政赤字、联邦政府日益增长的家长作风、各种权力机构变得十分傲慢、社会道德水准降得太低、各种税收增长得太高，过激分子变得更加肆无忌惮等等。这是否削弱了我们国家的力量，伤害了国家的元气？让他们去争论个人自由是否已经达到了应有的彻底和完善。这些重大的国家问题不是靠你们职业军人或军队来解决的。你们的座右铭就像茫茫黑夜中光芒万丈的灯塔——责任、荣誉、国家。”

同样地，约翰·肯尼迪在总统就职典礼上说的话，不仅是一个国家，同样也是商业、职业乃至生活中获得成就的基本准则。他说：“不要问你的国家能为你做什么，而应该问你能为国家做什么。”

这句话准确地说出了大多数人无法获得成功的原因——不肯为别人付出。那些不肯付出的人更关心自己的利益，关心是否能够获得别人的支持。而事实上，其他人也都一样的“精明”，这使得这种人无论是在商场中，还是在职场中的工作都变得举步维艰。同样，这种在和家人、朋友相处的过程中，也很少考虑“我能为他们做些什么”，总认为人应该是自私的，好像这是天经地义的，这种人是不会取得成功的。

在我们的工作群体中，有这样一些人，他们对待自己的工作不是认真、负责的，而是抱着得过且过，做一天和尚撞一天钟的态度去工作。他们认为，只要自己每个月去上了班，就会有一个月的薪水可领，他平常的态度就是将单位的上司或者公司的老板骗过去就行了，并得意地宣称：瞧瞧，我并没有好好上班，可工资一分钱也没少拿。

持这种工作态度的人，我们可以想想他最后会获得什么样的成就。因为在职场中，我们提倡的应该是只有学会站在公司、上司、员工、同事的立场来看“我能为他们做什么”，这会带来更愉快的合作和更高的工作效率。

所以说，当我们在一个企业中工作时，我们一定要搞清楚我们自己的工作目的是什么，要搞清楚老板对我们的期望是什么。如果我们是管理者，率领团队达成目标就是我们义不容辞的责任和义务，月月如此，我们自然会有所收获的。要是我们还能训练员工、激励员工、营造高效的工作氛围，那就身兼领队、教练和队长的角色了，自然就是物超所值。想一想，做老板的通常会选择哪一种人？

如果我们是职员，面对家人和朋友，“我能为他们做些什么”的想法会使我们的生活变得更丰富而让人留恋。同时我们还会发现，我们给予他人的越多，我们就能获得更多的收获。

同样，在满世界都是“聪明人”的今天，肯尼迪 40 多年前的教诲仍应是每个职业者的行为准则。想一想，难道你在公司的地位真的无人替代吗？你的客户就非得和你做生意吗？地球少了你就再也转不动了吗？显然，这不是事实。

那些始终思考“我能为公司做什么”的职业者根本不用担心没有机会，更不用担心会失业。因为他们想对了问题，做对了事。而整天在考虑“公司能给我什么？公司能为我做什么？”的员工，无论你的资历还是实力，都不妨掂量一下是否值得别人为你这么做？是否牛气到舍你其谁？我想你已经能够发现事情的发展对你并不顺利吧？

事实上，在我们的职业生涯中，任何工作中平凡的小事都值得我们去做，我们没有理由去忽视每一件小事。“没有卑微的工作，只有卑微的工作态度。”此话说得是非常有道理的。只有认真对待工作中的小事，我们才能成就大事。

总之，我们不要问自己所在的公司能为我们做什么，而应该问我们能为公司做什么。只有这样，我们才不会对工作中的事情敷衍应付和轻视懈怠。所以成功者，他们与我们都做着同样简单的小事，惟一的区别就是：他们从不认为他们所做的事是简单的事，他们看中小事并努力把它们做好。这也昭示我们，不要轻视任何一件小事，它们是大事的一部分，我们要尽职尽责地把它做好。如果要说在职场成功有什么秘密的话，这就是秘密。

工作是事业的基石

工作是创造事业的基石，是发展人格的要素。在未来的资产中,知识和能力的价值将远远超过现在所积累的货币资产。当你从一个新手、一个无知的员工成长为一个熟练的、高效的管理者时,你实际上已经是大有收获了。你可以在其他公司甚至自己独立创业时,充分发挥这些才能,从而获得更高的报酬。

在某种程度上,了解一个人的工作态度,也就相当于了解了这个人;同样的道理,了解一个人的工作成就,同时也相应地把握了这个人的内在价值,换角度而言,人在忙于工作的时候,一切痛苦都会忘记,一切罪恶的引诱都无法侵入。

有人曾形象地比喻:个人的终身职业就是他的雕像,是丑恶还是美丽,可憎还是可爱,都是由他一手所创造的。

任何一份正当、合法的工作都是最高尚的,每一个认真对待工作的员工,都是值得尊敬的,关键是你如何摆正对工作的心态。

在20世纪70年代的时候，美国麦当劳总公司非常想进入中国台湾市场。在麦当劳正式打算进入台湾市场之前，他们需要在当地先培训一批高级管理人员，于是麦当劳公司就在台湾进行公开的招聘。由于招聘的标准非常的高，许多初出茅庐的青年企业家都未能通过。

经过一再筛选，一位名叫韩定国的某公司经理脱颖而出。最后一轮面试前，麦当劳的总裁和韩定国夫妇俩连续谈了三次，并且问了他一个出人意料的问题："如果我们让你去洗厕所，你会愿意去做吗？"

还没有等韩定国开口，坐在一旁的韩太太不经意地脱口而出："我们家的厕所都是他洗的。"

韩太太的话刚一落下，麦当劳公司的总裁大喜，于是就免去了韩定国最后的面试，当场拍板录用了他。

后来韩定国才知道，麦当劳训练员工的第一堂课就是从洗厕所开始的，因为服务业的基本论是"非以役人，乃役于人"，只有先从卑微的工作开始做起，才有可能了解"以家为尊"的道理。韩定国后来之所以能成为知名的企业家，就是因为一开始就能从卑微的小事做起，干别人不愿干的事情。

一个人要获得成功，无论身处什么样的行业，都要坚信自己所从事的任何一项工作都是应该做的，任何一份工作都是值得尊崇的。如果你轻视自己的工作，那么，别人也必然会因此而轻视你的德行及你粗劣的工作业绩。所以，一个轻视自己工作的人，不但在别人眼里没有任何价值，对他本人来讲也一样没有价值。

没有任何工作是不值得我们去做的，无论你做什么工作，无论你面对的工作环境是松散还是严格，你都应该认真工作，不要老板一转身就开始偷闲，没有监督就没有工作。你只有在工作中锻炼自己的能力，使自己不断提高，加薪升职的事才能落到你头上。反之，如果你做事得过且过，不认真工作，那你就会被老板毫不犹豫地排斥。

杨柳刚从云南来到北京时，想在文化公司找工作，但是由于人生地不熟，再加上经验不足，找了一段时间后却毫无结果，最后，迫于无奈，她只好在一家酒店当服务员。

但是，杨柳并不气馁，她工作相当尽责，总是带着微笑服务。几个月后，一位经常光顾的客人问她："我觉得你应该不会一直做女服务吧！你还打算做些什么事情呢？"

她说："我想做编辑方面的工作，所以，我晚上上班，白天出去找工作。"

恰巧，这位客人是个著名的出版商，正在招聘一位聪明能干的助理。于是，他安排杨柳面试，最后获得了这份工作。

杨柳实践了"把工作做到最好"的原则。她认为，女服务员的工作不仅不是她前进的绊脚石，而且是个晋升的台阶，只不过没料到这一步实现得这么快。

换句话说就是工作使我们的能力得到提高，工作可以让我们的生活有经济保障，可以让我们的日子因为忙碌而充实，工作中我们认识了很多朋友，拓展了交际范围……这些都是我们从工作中获得的实在利益，从这个角度来看，我们还认为许多工作不值得去做吗?

如果一定要认为我们在工作中所产生的负面影响是在受气，是在为老板工作的话,那你只能每天生活在对工作的抱怨中,薪水不够高,福利不够好,永远是你斤斤计较的事情;快乐为自己工作的心态通常都离你很远，这样工作时间长了，你看起来会未老先衰。

同样的,在工作中,当我们在面对名与利的时候,应该摆正自己的心态。也可能会有一些这样的工作岗位:它们看上去不是很体面,也没有很多人去关注它。但是,你千万不要由此而看轻这样的工作,你要用自己的尺度来衡量它,只要它存在就是合理的,就值得你去做好它。你完全可以在这样的工作中提升自己的工作能力,为公司也为自己创造价值。

对待工作要心存感激

《圣经》给大家带来了感恩文化。世界上再也没有比这更伟大的观念了。亚当和夏娃因为偷食了禁果，而使得人类与生俱来就有罪恶，这使得人们不得不为着生活和成就心存感激。再加上主的儿子耶稣为大家赎了罪，大家理当感谢主。信仰基督教的人们每天进食前都必须向上帝祷告，“感谢主赐我食，感谢主赐我力”。人因为原罪而心存感激。

除去信仰的因素，我也十分愿意向大家讲解心存感激的道理。

心存感激的法则来源于自然法则：作用力等于反作用力。因为大自然遵循着种瓜得瓜，种豆得豆的道理。你对生命、生活以及大自然心存感激，生活和大自然就对你赐予厚望。

当你将感激之情持久地固定在美好的事物之上，你接受的也将会是美好的事物。当你将自己的注意力集中在美好的事情之上时，美好的事物自然就会包围着你，你的好日子就会到来。心存感激将会使你的心和你所企盼的事物联系得更紧。心存感激将使你获得力量,使你产生对生活,对美好事物的信念。

很多人的生活之所以落入困境，在很大程度上是因为当他获得生活的馈赠之后缺少感激之情，因而就失去了接近美好事物的机会。当一个人心中充满各种怨恨和不满的时候,就会牢牢记住那些不如意的事情。久而久之,他就失去了生活的依靠,他就会全身心地关注那些琐事、杂事,继而开始变得贫穷和悲凉。

如果你心中细想自卑之事,你就会变得更加自卑,自卑之事也就会更加放肆地包围着你。

我听说过东方佛教的一个故事：一个原本英俊的雕塑家突然发现自己的面貌、行动举止以及神情都变得丑陋、狡诈,令人可怕。于是他遍访名医,寻求良方。一个偶然的机会,他来到一个庙宇之中,向大师寻求帮助。大师了解情况之后说,我可以治好你的相貌,但你必须先为我的庙宇做一年工，就是雕塑几尊神态各异的观音像。观音在世人的心中,是慈祥、善良、圣洁和正义的化身。

在这一年中,这位雕塑家细心琢磨观音的面貌和行为举止,想通过外形塑造出观音的品质德行,他达到了忘我的境界。

在他工作完成的时候,大师带他来到镜子跟前。他惊喜地发现自己的相貌已经变得神清气朗、端正英武。他感谢大师治好了他的相貌。

大师告诉他:“是你自己治好了自己的相貌。你的病根是因为你过去两年一直在雕塑夜叉。”

这就是佛家讲的,相由心生,相随心灭。

对人生，对大自然一切美好的东西，我们要心存感激，则人生就会变得美好许多。

有这么一句话："一个女孩因为自己没有鞋子而哭泣，直到她看见了一个没有脚的人。"世间很多事情，常常是我们没有珍视身边所拥有的，而当失去它时才又悔恨。

心存感激，我们就必须给予。

大自然是不断循环流动的，你给予的越多，你获得的也越多。并且任何一样东西，当你给予之后，它就会双倍地增加，所以你的收获也就双倍地增加。难道不是吗？你爱对方，对方就爱你，大自然凭空就收获了双份的爱。财富一旦流通起来，就会增值。当然，一旦播种了仇恨，大自然收获的也是双份的仇恨。给予收获的规律就是这么简单：想要获得快乐，你就必须给予快乐；想要获得爱，你就要给予爱；想要获得财富，你就必须给予财富。

心存感激，我们就必须宽容。

宽容是给予的一种高级境界，是通往我们精神和灵魂增长之路的钥匙。能够宽容的人就能够获得力量的循环增长。实际上再也没有什么比仇恨更能堵塞我们力量的增长了。

我们首先应该宽容自己，宽容自己的一切愚蠢和错误行为，不要让忧伤和懊悔折磨自己，我们就会从错误中汲取力量。记住，我们不要让过去的错误成为主宰今天生活的力量。否则你就是在让错误延续。

其次我们要宽容他人。要爱你的邻居。我们越早宽容他人，我们就越早享受生活的美好。再也没有什么比拿别人的错误来惩罚自己更愚蠢的行为了。

不要因你所在的公司中有些领导有着这样或那样的错误，你就认为有理由不断地谈论或指责这些错误。你要知道，至少你的公司领导还给你成长的机会，你就要注意捕捉这些机会。

不要因为你所在国家中有些政客腐败无能，你就变得怒不可遏。因为如果没有从政人员，我们就会落入无政府状态，那样，你获得健康成长的机会就会更少。

所以，当你取得了成就时，一定要培养心存感激的习惯，这是文明进展的力量源泉。你应该长久地、持之以恒地怀有这种感激的心，无论你获得了多大的成就，你都要心存感激。

对待工作要认真

世界上的事最怕“认真”二字，任何人都不能回避“认真”二字，只有“认真”才能有所成就，才能成功。只要你认真，凡事都必能达到成功。人们要想做成任何事，没有全身心投入的精神是不行的；

反过来，有了全身心投入的精神，也就会有相应地有对工作高度负责、一丝不苟、精益求精的工作态度和作风，从而把事情办成、办好。在每一个企业里，老板都会赏识认真工作的员工。认真工作是一种值得任何人尊敬的美德。

要想让老板重视你，并委以重任，应该调整好自己的心态，打消投机取巧的念头，从一点一滴的小事认认真真地做起，在实践中不断提升自己的能力，为自己既定的事业目标积累雄厚的实力。凯莉在一家大型建筑公司任职设计师，常常要跑工地、看现场，还要为老板修改工程细节，工作异常辛苦，但她仍认认真真地去做，毫无怨言。

虽然她是设计部的惟一一名女性，但她从不逃避强体力的工作。该爬楼梯就爬它个25层，该到野外就勇往直前，该去地下车库也是二话不说。她从不感到委屈，反而挺自豪。

有一次，老板安排她为客户做一个可行的设计方案，时间只有三天。接到任务后，凯莉看完现场，就开始工作了。三天时间里，她都在一种异常兴奋的状态下度过。她食不甘味，寝不安枕，满脑子都想着如何把这个方案弄好。她到处查资料，虚心向别人请教。三天后，她带着满眼的血丝把设计方案交给了老板，得到了老板的肯定。因为工作认真，现在凯莉已是公司里的红人了。老板不但提升了她，还使她的薪水翻了三倍。

后来，老板告诉她："我知道给你的时间很紧张，但我们必须尽快地把方案设计出来。如果当初你因此推掉这个工作，我可能会把你辞掉。你表现得非常出色，我最欣赏你这样认真工作的人。"

在公司里有许多人，似乎根本不知道被老板重用是建立在认真完成工作的基础上的。事实上，如果你不认认真真，尽职尽责地完成你的工作，你在老板心里永远都是默默无闻、毫无建树的。你成功的巨大机会往往隐藏在你认真对待的每项工作中，千万不要忽视了这一点。

同样，在职场中出类拔萃的秘诀在于：把公司看做自己开的。你的公司为你提供工作环境、办公设备以及各种福利；不过基本上，你最清楚应该做些什么以及什么样的方法最好，所以你要怎么经营就完全看你自己的表现了。

我们一定要把自己当做公司的领导，对公司的发展承担起责任，对我们所做的工作的结果负起责任，并且持续不断地寻找解决问题的方法，以及克服生产力的障碍。自然而然的，我们的表现就能到达崭新的境界，我们的工作品质以及从工作中所获得的满足感都掌握在我们的手里，我们应该要负起全部的责任。挑战自己，为了成功全力以赴，并且一肩挑起失败的责任。不管薪水是谁的，最后分析起来，其实公司的上司就是我们自己。

记得一年前我曾经问过公司的一位员工，“你说每个人都渴望走向成功，但走向成功靠什么呢？”面对这个问题，他显得有些不知所措，不过，他还是回答道：“靠自己，靠自己的勇敢、自信、奋斗，还有机遇。”当然，对这位员工的答案，我们是毋庸置疑的，也是成功者应该具备的素质。但他忽略了这些要素必须建立在一个基点上才能成为推动成功的力量。这个基点就是能力。它是成功的最基本保障。能力的核心是智力，智力指的是人的认识能力。它包括信息获取能力，即注意力、感受力和观察力；编码和储存能力，即思维力和记忆力，检索输出能力，即想象力和创造力等。

能力是做好各种各样事情的最基本条件，有了能力，才会有成功的可能。但是，能力高的人，就一定能取得成功吗？答案是否定的。一个人再聪明，如果没有学习动机，对学习不感兴趣，缺乏学习热情和与困难作斗争的毅力，他也会一事无成，更谈不上有所作为。要想学习优秀，事业有成，除了必须具备的各种能力之外，更重要的是要具有优良的非智力因素。

随着知识、技能的折旧越来越快。在公司中，员工不通过学习、培训进行更新，适应性自然越来越差，而上司又时刻把目光盯向那些掌握新技能、能为公司提高竞争力的员工。

许多公司的员工并不反对终身学习，心里却过分重视大学教育，未受大学教育的员工更是如此。那些因家境困难或身体状况不佳或其他原因未能升入大学的员工，往往认为这是一种无法挽回的损失，是一生都不可弥补的缺陷；有些员工甚至以为不管以后如何自学都于事无补，以为自修得来的学识毕竟有限。但是，现在职业半衰期越来越短，所有高薪者若不学习，无需 5 年就会变成低薪。就业竞争加剧是知识折旧的重要原因，据统计，25 周岁以下的从业人员，职业更新周期是人均一年零四个月。当 10 个人只有 1 个人拥有电脑初级证书时，他的优势是明显的，而当 10 个人中已经有 9 个人拥有同一种证书时，那么原有的优势便不复存在，此时这个人只有通过自己去认真工作，才能体现出自己的优势。

由此可以看出，如果一个人无法认真工作，不管他的工作条件有多好，都会让成功的机会从身边溜走。如果我们能够把我们的工作做到忘我的程度，这就是一种认真的体现，就说明我们已经在工作中体会到工作的乐趣。我们就能克服困难，达到他人所无法达到的境界，并得到应有的回报。

木工保罗·奥延格参加一个由国际木工兄弟会赞助的木工技艺比赛，在几个小时的比赛中，他全身心地投入到比赛中。赛后，奥延格回忆说："在当时，我只注意我和我的工具而已。"当比赛结束时，他才发现自己已获得了冠军，并且自己周围竟聚集一大群人。而他先前压根就没注意到周围的一切。

在工作中做任何事的时候，如果自己不能全神贯注、不能很顺利地完成工作，你不要去责怪别人，惟一的原因就在于你在做事时还不够认真。

任何老板都是十分精明的，他们都希望能拥有更多优秀的员工。而工作态度最能体现一个人的品行是否优秀。老板会根据员工在平时工作中的表现决定给谁升职或者加薪。认真对待工作的员工，迟早会获得晋升。

许多企业每年都会解聘一批人，解聘那些因为粗心、懒惰而不好好工作的员工。有人曾说："粗心和疏忽会使无数人的命运走向失败。"的确，人一旦养成了粗心大意的坏习惯，往往会走向失败。

所以，我们应该在工作中严格要求自己。能做到最好，就必须做到最好，能完成100%，就绝不只做99%。只要我们认真做了，就能引起老板的关注，实现心中的愿望。

培养工作兴趣

对工作热忱，这是任何成功者都必须具备的一个非常重要的品质。牛顿曾经说过："无知识的热心，犹如在黑暗中远征。"同理，光有知识或者能力，而没有工作热情，也不能取得工作的进步，只会原地不动，乃至固步自封。

盖天是贵州山区的一位农家子弟，他从小就在山村里长大，父亲是当地的一位木匠，后来全家迁到了贵州的省城贵阳。全家到了贵阳之后，随着父亲的工作状况好转，收入稳定，生活才日渐好转。

虽然盖天天资聪颖，从小就很有天分，上学后成绩不错，但由于家境不行，他高中毕业后就辍学了，就开始工作了。

由于家庭的贫穷，深深地刺激了盖天，所以，他一心想找个好工作，以改善自己，以改善家境的贫穷。但是，在贵州，一个高中毕业生想找一份好工作，谈何容易，但为了生活，他只好简单地选择了一份工作，但这个工作他一直不满意，所以他总是抱着打临时工的心理，这份工作做了不多久，他又失业了，他又开始重新找工作，但每份工作都没有干多久就放弃了。

在盖天所选择的工作中，他开过货车，当过学徒、送货员、推销员、搬运工，甚至清洁工也做过。就这样，时间飞逝，一晃五年过去了，他的同学有的当了国家公务员，有的甚至做了老板。虽然在盖天看来，他的同学那点成绩算不了什么，但以现实情况而论，那些人都比他过得好。

有一次，盖天的父亲把他叫到自己的屋子里说："盖天，你应该调整自己的心态，停止抱怨客观环境，你应该热爱你所在公司，像你现在这个样子，今天这里，明天那里，像浮萍一样，还幻想成为大树，这可能吗？"

盖天听他的父亲如此说，还不服气地说："但是，我不可能随便找个工作就干一辈子吧，我总得找一个合适自己的工作。"

"那你觉得你适合干什么？你如果真的做到了，你又有什么打算呢？"

"我也不知道我有什么打算，"盖天有点脸红，"但我总要有些前途。"

"什么前途？只要你能一心一意地做下去，不管什么工作都有前途。但是，你如果总以为前面会有更好的事情等你去做，厌烦目前的工作，那么，不管什么工作都不会给你带来光明的前途。"

"你是要我像木偶人一般地做事，没有一点自己的想法和对未来的打算？"

"不，我只是想告诉你，把手头上的事做好，那样，才可能有更好的工作向你招手。要么，就在工作中寻找机遇，而千万不要放弃工作，不要让生命白白流逝。”

“不管你现在怎么想，但最要紧的是，你要有工作，不能换来换去，当然，有更好的工作除外。”

“但是，现在我找不到工作了。”

“我给你找找看，你不是开过货车吗？这方面的工作不是太难。”

就这样，盖天心不甘情不愿地接受了父亲为他找的这份工作。

盖天进入的那家公司是一家贸易公司，公司的老板是个快60岁的老头，对生意不热心，对员工也不怎么严格，这正应了盖天的胃口，他和老板相当谈得来，工作兴趣也随之提高。这样，盖天并没有由于管理的松懈而懈怠工作，而是比以前更加认真工作。

老板看到这个年轻人这么主动，对他越来越信任，就把公司的账务交给他。那些日子，盖天异常辛苦，天天加班，有时还自己帮工人搬货装车。所以，老板更加喜欢他，加上谈得比较投机，更是把他当心腹看待。久而久之，盖天就了解了不少运输业的内幕。这时，老板因为年龄的原因，体质愈来愈差，就准备提前退休，把工作交给盖天打理。

也许到此时，有人会说，盖天真是撞了大运了。本来盖天来干这份运输工作，他对这项工作是没有一点兴趣的。结果是在现实和老父的双重压力之下，对工作一开始就相当认真，尽管有很大的勉强因素，但不会再像以前那样，有“不行就不干”的想法，而是把这份不起眼的工作当作真正的事业来做。

正是盖天心理上发生了巨大的转变，他才对自己所从事的工作产生了兴趣，才获得了老板的信赖，从而使盖天永远也不用担心自己将会失业或者薪水的问题。

从盖天的成功来看，我们可以看出，一个人的工作兴趣是能够培养的，在找不到中意的工作时，在不合心意的工作中，你一样可以寻求到事业发展的机会，只要你不放纵自己，就一定可以逐步培养自己的工作兴趣，也一定会大有收获。

在任何一个公司，如果你不愿意付出，害怕自己做多了会吃亏，那么，你就永远得不到成长，永远也得不到老板的信任。从表面上看，公司的确是老板的，因为你没有公司的股份。事实上，公司是你和老板共有的，你总是拥有公司的一部分，这一部分给了你工作的机会，给你带来收入，给你一个展示才华的舞台。如果你没有这一部分，你的这一切都不存在。如果你爱这一部分，你就不会胡思乱想，你就不再感觉工作是一种苦役了，你就一定会有出头之日。

在公司里工作，我们都要有这样一种意识，我们要乐于接受一切新的工作，我们要牢记钢铁大王卡耐基所说的话："无论在什么地方，都不应该把自己只看成公司的一名员工，而应该把自己视为公司的主人。"只有这样，我们才会对我们所从事的工作感兴趣。

第十一章　严格执行的态度

执行力决定一个人的成功，没有执行力，就没有竞争力。执行力决定着你是否能把工作尽快地做好。

严格要求自己

对公司中的员工来说,你的工作必须尽快见效,不仅要在下周或下个月见效,还要在今天或明天见效。因为可以预料,你极可能有一天被迫做出胜败、生死攸关的决定,或采取胜败、生死攸关的行动。

很多人在做工作中有得过且过的心态,觉得今天做不完明天还可以接着做。这种拖沓做事的心态是最要不得的。海尔的总裁张瑞敏说要日清日结,日清日高。今天的事情不做完,明天的事情也必将做不完,这样一天压一天的拖拉下去,到了年终总结的时候,你会发现你什么都没做完,没做好。所以今天的事情应该在今天按时完成,千万不要拖到明天,明天还有明天的事情要做。

为了避免拖延,我们可以每天给自己制定一个小小的目标,计划好今天要完成的事情,这样我们就可以知道这些工作在具体的时间进展到了什么程度,也可以有效地进行控制。制定了计划之后，还要坚决的执行，不给自己找借口。这样坚持一个月，我们会发现我们计划的工作，在正常的工作时间内已经全部完成。

王伟是一家网络公司的销售员。一次，他约见了一个客户谈合作的事情，由于没有对路上可能耽误的时间进行准确的估计，又觉得在这个城市堵车是最经常的事，可以理解，所以也没有太在意晚了半个小时到达见面地点。可是正是由于他的疏忽，他对守时的轻视，使本来看了他先期传真过去的资料，很有诚意与他们合作的客户转而和当天要见的另一家网络公司签了合同。

大型节目的直播由于时间在很久以前就在电视节目预报时给出，所以更是需要严格的把握时间，绝对不能拖延。在直播一次重要节目前，熬了通宵的水均益凌晨才回家稍稍休息了一下，早上7点还要进行现场直播，由于太累了，一觉醒来已经是6点多，于是他急忙打车赶往直播现场，不巧的是路上又耽误了一些时间，等到下车的时候只剩下几分钟时间就要开始直播，等在直播室的同事们都为水均益捏了一把汗，看到飞奔而来，边往直播室走边穿衣服的他，大家才松了一口气，不约而同的说："水主，你终于来了"。节目按时直播，并且获得了广大观众的一致好评，这于水均益的守时是分不开的。

在工作中严格要求自己是非常必要的，很多公司对员工的要求首先就是要遵守工作时间，准时上班。你一天早上迟到可以理解，如果你天天迟到，那就是你的职业素养不够，不够重视工作。

现代公司管理中经常有这样一种现象：一个有个性、有头脑的管理者常常可以使公司摆脱困境。只有既能赢得公司成员尊敬，又能赢得对手尊敬，才是优秀管理者必须具有的品质。这是管理者个性的影响力，也是管理者个人魅力作用的结果。正如世界社会学家帕肯松指出的那样，管理者具有的素质之一是“个人的吸引力”。要有吸引力，就必须有为员工们所喜爱的良好个人品质。

优秀的品质是指管理者所应该具有的积极、健康、良好的个人德行和品格。一个优秀的管理者必须具有这种优秀的品质，才是德才兼备的特殊人才。作为管理者，应善于控制自己的感情，善于取得他人的尊敬，并努力进行“再学习”以适应改变。

执行为什么难

在竞争非常激烈的市场经济中，无论是哪一家公司，在制订了战略方案后，都必须执行到位，这就是为什么很多世界级大公司都把执行力看得很重的原因。

不久前，曾经有一个公司的总经理在与我谈到执行力的时候，他向我描述了这样一种现象：技术部早在 3 月份研发出一种在世界范围都处于前端的产品，可是年底此产品还未在市场上推出，这反倒让竞争对手占领了先机，最终连技术成本都未赚回，产品就被送入废料库了。这是多么大的损失呀！

执行力，顾名思义可以理解为个人、团队执行任务的能力和效率。对于企业中不同的人要完成不同的任务需要不同的具体能力，执行力严格说来它包含了战略分解力、时间规划力、标准设定力、岗位行动力、过程控制力与结果评估力，是一种合成力，这六种“力”实际上是六种职业执行（做事）技能，对于企业中不同位置的个体所需要的技能需求并不完全一致。越是高层所需要的技能越全面，因此企业高层的执行技能比一般中层的执行技能和普通员工的执行技能更重要，很多人想当然地认为企业执行力不强是下属没有按照上级的意志去落实其实是一种误区。

直接把任务简单地抛给员工，当然不会得到有效地执行，如果管理人员把某个任务的完成标准、时间都明确了，在下属执行的过程中进行检查和协助，而下属还是完不成任务的话，只能说把任务没有交代给真正有能力去完成这件事的人或者说他应该找更合适的人来做了，所以执行的效果关键还是看我们的管理人员是不是有计划，有目的、有组织、有领导地去完成自己应该做的事。

研究发现，那些世界级的大企业并不一定在战略规划上花费更多的时间或努力，但他们却表现出卓越的执行力。再看看那些业绩不佳的公司，就是因为他们执行能力较差才导致了公司的成长受阻。

杨海东加入博跃公司已经快 3 年了，在这 3 年的过程中，他已经从一名普通的职员晋升到了这家加工企业的人力资源总监了。他虽然在博跃有了3年的工作阅历，但最近所发生的事情却让他感到为难。

董事长最近在和同行的总经理的交流中得知360度考核法的好处，便在回去的第一时间让杨海东推行这套考核系统："海东，我感觉我们公司的考核流于形式，大家都在评分，没有具体的量化，比如说行政部的前台文员思佳和市场的策划文莎有着不同的工作态度，但在考核评价中她们都写着5分……事实上，上个月思佳因为3次接听电话不礼貌，致使一个大客户严重投诉我们。这个为什么在考核中未进行考虑呢？"

在董事长的批评和期望之中，杨海东神情沉重地走出了董事长办公室。

过了两天，杨海东就凭着扎实的理论和实践经验，编出了一份360度考核制度及推行方案。

按照推行的第一步：组织6个部门经理和2个总监开会，沟通一下新考核方法的目的和指标的设定等问题。

等到开会时，只见部门经理和总监三三两两来到会议室，总算来齐了，杨海东一看手表，又延迟了15分钟，每次开会没有一次是准时的，除了董事长开会大家算比较准时外，一般都要等上几分钟，事后经杨海东调查，其他会议都是这样。

会议总算开始了。大家似听非听地看着杨海东在演示、比划着，生产部经理边听边拿出当天下午就要出货的订单盘算着，而财务总监则拿起手机开始给部门里的人员打电话，还不时地询问一些财务数据……

在大家明白了怎么做,计划可以实施后,会议总算结束了。

在一周快要结束的星期五的工作会议上,按计划,杨海东向各部门收取部门最新更新的《职务说明书》时,又出现新问题了:

生产部和采购部提交的是以前一模一样的,而且明明在上次会议上很明确地说明了有些职务发生了变更……

而财务总监则说自己忙还没有做,也不知道忙到什么时候才有空做。

杨海东陷入了非常被动的地步,他不知道该如何说,甚至如何做。他只有一个问题在困惑着他,这个问题就是:怎么就没有一个按照要求去完成的呢?在等了两天仍然没有进展的情况下,杨海东终于忍无可忍了,他主动找到董事长,向董事长诉说起他的困难来。在杨海东诉说完毕之后,董事长最后说了一句:“财务总监也没交?嗯,他可能比较忙,你直接追他就好了……”

听到董事长这样说,杨海东感到不知所措,他也只好再去追赶那茫茫无期的资料了。在他走出董事长办公室的时候,他只是自言自语地说了一句话:“为什么会这样呢?”

“为什么会这样呢?”这是一句多么无奈的结束语呀!像这样的话题,我想不只是发生在杨海东的身上,在任何一个执行力较差的公司里都可能出现。这说明了企业制定的规章制度和战略计划无法运行或与预期效果差了很远,执行力不强成为制约企业发展的瓶劲。

战略巧安排，细节多执行

很多企业成败的事实表明，战略的实现靠企业的执行力度，好的执行力才是企业实现战略目标的关键。企业如果没有好的执行力，再好的战略，再好的决策，再好的目标都只是一个美好的愿望而已。

全球著名的GE公司，是战略眼光与执行力俱佳的领先世界的大企业。GE投资几乎涉及各行各业，但其管理却是全球所有企业的学习榜样。其提出的四大战略管理目标：全球化、服务、电子商务和六西格玛，至今为世人所乐道。而其在精细工程管理中提出的六西格玛，是全球“细节管理”的典范。而GE之所以长盛不衰，很大的原因应归功于其前CEO杰克·韦尔奇，其制定战略计划、战略思考，付诸企业一步一步改革实施，都是先从大处执行，再而向细。不但如此，他又经常亲临一线，听取广大员工与顾客的意见，同时严格要求员工管理。

从GE的成功可以看出,没有大处规划和细节深入执行,是必败无疑的;单有细节,只可以决定一个战术的成败;只有大处与细节兼顾,才是一个企业长盛不衰的基石!

战略规划是长期与综合性的工程，同时它也是由无数个细节组成,故对企业来说,战略规划得好不好,关系到企业的长远发展;细节组成整体,一旦计划确定,应坚决执行,注重每个细节问题的考察,才能一步一步实现企业的战略,故于细处应多执行。

执行不力带来的恶果往往是残酷的，现实生活中不乏这样的企业,特别是在领导班子更替交接之时,新的管理者制订出了非常正确可行的战略决策,但由于其他方面的一些原因,比如,沟通、协调和员工因素等等,造成实际的执行效果差,这样的企业最终也难逃失败的结局。它的原因在于,决策虽好,但缺乏执行力。

据说在上世纪90年代竞争激烈的白酒市场上,各家白酒生产商纷纷亮出自己的促销招数,你送雨伞,我送收音机……各白酒企业这样做的目的是为了提高自己的市场占有率。

这些白酒企业都是以送实惠的促销赠品为前提的，但再实惠也不如钱实惠。这个想法在某酒厂高层管理人员心里扎下了根。他们的酒在包装时，就把不等额的现金封入了容量不等和标价不一的包装盒内,并在媒体上大做广告,宣扬购买本酒可以获得现金,多买多得。这一促销方式果然奏效,一时间,该酒厂白酒销量大幅上涨,销售款飞一样地进入企业的账户。

可好景不长,一些销售区域的消费者打来投诉电话:声称包装箱根本就没有现金,那些地方的消费者从没有中过现金奖。一些愤怒的消费者甚至投诉到了消费者协会。酒厂领导只好从包装车间开始查起，一直查到经销商那里，发现那些没有中过现金奖地区的经销商私自拆开包装，提前把包装里的现金拿了出来，进入了经销商们的腰包。

由此可见，厂家的初衷是好的，但到经销商那里就没有执行下去，这是一种贪婪和短视行为造成的。美国《财富》杂志的一些撰文指出，70%的CEO（企业执行总裁）不是因为糟糕的战略而是因为糟糕的执行而失败的。这就告诉我们：企业制订了良好的策略，由于缺乏坚定、准确而严格的执行，企业策略同样会失败。

一位企业管理专家曾谈到：在相对成熟的企业里，执行不是小事，应该是中心事件。每个企业都应该把经营工作重心放在企业的执行上面，执行已经成为一项非常重要的事情，执行的好坏，直接关系到经营管理的优劣。

很多人认为，执行力的不够是企业管理中的最大黑洞，好决定只有成功执行后才能显其价值。企业执行力差，将直接导致企业的各项工作出现滑坡，而且员工的斗志则会发生退化，管理者也将感到目标施行的阻力，甚至怀疑经营目标的可行性，这些负面的因素影响到整个企业，长此以往，会把企业的前途葬送掉。

因此，企业仅有战略，而没有一个严格的执行体系是远远不够的。没有执行力，再好的战略只能流于形式，永远是一轮捞不到的水中月，因此，企业好的决定和好的执行力都是必不可少的。

要为自己的行为负责

成就大事的人和平庸者之间最大的区别就在于，成事者是自动自发地工作的人，他愿意为自己的所作所为承担责任。所以，想获取成功，我们必须对自己的行为负起责任，因为，没有任何个人可以给你动力去让你成功，也没有任何人可以阻碍你走向成功，你的成功与失败只在于你的选择。

在一个公司中，当领导不在身边却更加卖力工作的员工，将会获得更多奖赏。如果只有在别人注意时才有好的表现，那么你永远无法达到成功的顶峰。最严格的表现标准应该是自己设定的，而不是由别人要求的。如果你对自己的期望比上司对你的期望更高，那么你就无需担心会不会失去工作。同样，如果你能达到自己设定的最高标准，那么升迁晋级也将指日可待。

所以说，在我们的工作中，无论是任何员工，在进入企业时，我们一定要让他们知道，无论他做什么样的事，都应该懂得为自己的行为负责，只有明白了这一点，他们才能知道，任何伟大的功业都是从小事一点一滴地积累起来的。人们只有深刻地认识到这个道理，才会真正重视那些看起来无足轻重的小事，形成认真仔细的办事风格。这项美德的具备与否，将对你一生的事业产生巨大的影响。

一个年轻女孩在一家房产开发公司工作，她是一名设计师，为了工作要常常往工地跑，她需要了解工地现场的每一个环节，还要为不同的客户修改不同的修建格式，她的这份工作非常苦，但她仍然主动地去做，没有一句怨言。

老板们都知道，具备这种美德的人非常少，而要找到这种工作认真负责、尽心尽力的员工就更是难上加难。考虑问题不周密、办事不积极等司空见惯的坏习惯仍随处可见。他们多年来绞尽脑汁做的事就是挖掘那些可以胜任工作的人。他们的业务并不需要特别的技艺，只要你有责任、有朝气地工作就行。他们不断地聘请员工，却又不断地解聘员工，原因就在于这些员工粗心、懒惰、不负责任！而在庞大的待业人员队伍中，却有许多人被传染上了这种坏习惯。如果他们不能找到自己的不足并尽力加以改正的话，那注定要对那些空闲的工作职位望洋兴叹。

很多人之所以粗枝大叶，就在于他们只图享受，不思进取，根本没有将本职工作做得完美无缺的意识。人们常说，一心不能二用，只求享受的头脑是绝对不能在工作中做到完美的。工作与享乐应当分开，工作时就要全身心地工作。那些工作时还念念不忘享乐的人必将把工作搞砸。有一个经过不懈努力终于获得高薪职位的女性，她上班没几天就高谈阔论要去"快乐地旅行"，结果到月底，就因工作不力而被解职。

如果不是你的工作，而你做了，这就是机会。有人曾经研究为什么当机会来临时我们无法确认，因为机会总是乔装成"问题"的样子。当顾客、同事或者老板交给你某个难题，也许正是为你创造了一个珍贵的机会。对于一个优秀的员工而言，公司的组织结构如何，谁该为此问题负责，谁应该具体完成这一任务，都不是最重要的，在他心目中惟一的想法就是如何将问题解决。下一次当顾客、同事和你的老板要求你提供帮助，做一些分外的事情，而不是让他人来处理时，积极地伸出援助之手吧。

执行要有力度

无论是一个公司的领导者，还是一个部门的管理者，不仅要具备强大的执行力，还要具备能够培养出一批能够把公司的各项规章制度执行到位的人才。这正如杰克·韦尔奇说："如果我们让员工成长，就鼓励他们的自信心，赋予他们更多的责任，如果我们将他们最好的想法加以利用，那么我们就有了赢得竞争的机会。”此时，管理者就像一个火车头，他把自己与下属的每一次会面看成是一次指导的好机会，把每一件托付给下属的事当做锻炼下属的机会，把下属的每一次进步当做自己的进步。

有很多人可能知道这样一个成功的管理案例：

东北的一家啤酒企业由于经营管理不善，造成严重亏损，处于破产倒闭的境地。被国内一家大型啤酒集团收购以后，企业里的很多员工抱有很大希望，认为公司新高层肯定会对公司来一个大刀阔斧的改革。令原酒厂员工失望的是，集团公司只派了一名事业部部长、一名总工程师和一位财务总监过来，中下层人员还是原来的人马，集团也没有对收购注入新鲜血液，甚至连原来的制度都没有变，只是按原来的制度严格地付诸了实施。

不到一年工夫，企业的财务状况就大为好转，企业渐渐走出了低谷，走上了健康发展的道路。

因此，企业各种计划、方案和战略的执行力度直接决定着企业的命运。同一个公司，同一个制度，只是换了不同的人，就看到了两种截然不同的效果。其原因便是执行力，执行力是企业各部门或员工间贯彻落实企业决策的程度，战略和计划如果离开了执行力，就没有了实际意义。所以，惟有执行力才能决定企业的命运，一个缺乏执行力的企业，再高瞻远瞩的目标也不会实现，企业也就无优势可言。因此，只有执行力，企业才能保住自己的优势。

企业各部门、各生产单位的执行力才是企业生存和发展的保证，它直接决定着企业的兴衰成败。笔者身边就有一些做老板的朋友，他们经常问笔者一些管理中的难题。其实他们在商场上久经沙场，从国外引进很多先进的创意和管理的奇思妙想，思想总是很超前，对自己信心十足，对企业也很有感情。一晃半年过去了，公司一直没有大的起色，根本的原因在于公司在履行他们的想法时，执行常常不到位。犯了人为的执行错误，实在令人痛心。

再看看那些业绩斐然的公司，它们无一不是执行力很强的企业，如，联想集团做强做大的原因，在于柳传志带了一支强执行力的团队；曾被评为中国十大优秀企业家的杨元庆就是能够把决定不折不扣地落实到底的人……这些成功的例子难道不值得我们深思吗？

在各商家竞争越来越大的现代社会，处于各种潜在变化和危机共存的时代，这更是现在经济的特征，面对四面八方的危机，该如何应对呢？惟一的回答就是执行力。

执行就是坚强你的意志

一个好的管理者应该是具有职业意识、能够拓展岗位职责、能担当内部教练、自动校正目标、保持系统行动的角色。

我曾有一位朋友是在20世纪80年代创业,90年代发展起来的老板,从商以前在大学做老师,可以说是新一代儒商。

就在一个月前,我和他在谈起企业的管理问题时,他有很多无奈:“我们公司说大不大,说小也不小了,总人数800人,400人做销售,一年做1个亿的销售收入,纯利2000万,在行业内排在前三名,就目前看,已经不错了,但我着急呀!已经加入WTO了,我们要加快发展速度,否则国际巨头进来,我们没有好果子吃。看看行业,目前也是有很多机会,关键是这个机会能不能被我们抓住。”

“那不是好事吗?企业中最怕老板没思路,现在你有明确的发展方向,也准确地把握了大局,再加上过去成功的经验,应该不会有问题吧。”

“是的，我的问题不大。关键是下面的人跟不上，尤其是分公司的老总们。总部制订了策略、计划，总是不能在分公司有效执行，总说总部的方案不好，叫他们自己出方案，又做不出来，刚开始，我以为是做计划的方式有问题，后来采取了参考下面计划的民主做法，还是不行。整个公司的效率非常低，基本上所有分公司都是这样。我又不好换人，都是和我打天下的，对企业有感情。再说换掉，对企业的影响也很大。”

“关键是已经养成了这样的风气。其实按道理说，公司制订了政策，分公司是执行单位。如果政策有问题，责任在总公司，如果执行有问题，责任才在分公司。”

“分公司认为，总公司不了解下面的实际情况，他们不能盲目执行，否则会给公司造成损失。”

为什么会出现这样的情况呢？这就是没有搞清楚自己的角色，不知道谁是老板。企业又不是分公司老总的，既然总公司做出决策，风险就由你来承担，而不是分公司。但分公司不是在执行过程中发现问题，而是不服从，这样就有点本末倒置了，他想承担老板的角色。

从另一个侧面我们也可以看出，中层管理者在企业里都有相应的岗位，岗位并不等于员工的角色，从执行的角度看，角色要比岗位更重要。一个好的管理者应该是具有职业意识、能够拓展岗位职责、能担当内部教练、自动校正目标、保持系统行动的角色。

明茨伯格在他的《经理工作性质》中，这样描述了经理人的10

大角色特征：

1. 挂名首脑角色：即经理作为名誉领袖的身份。这样自己能够帮助公司推行业务，使社会对公司的前景有信心，下属与公司风雨同舟，以公司为骄傲。

2. 领导者角色：在工作中，经理与下属是领导和被领导的角色关系。

3. 联系者角色：经理处于 CEO 和下属之间，是信息的联络者，其联络作用不仅仅在公司内部，在公司与社会之间也要起到沟通联系的作用。

4. 信息接受者角色（监听者）：经理经常寻求信息，也会大量地接收信息，包括内部、外部的信息，对这些信息进行汇总整理，解决各种实际问题。

5. 传播者角色：经理角色的特殊性决定它应该将获取的信息在公司内部传播，发挥功效。

6. 经理人角色：经理作为正式的权威，被要求代表公司来讲话，是整个公司的神经中枢，拥有的信息决定其发言人的角色。

7. 企业家角色：经理必须对公司的员工提供演讲、组织安排人事，改变调整工作环境。

8. 故障排除角色：经理工作中会遇到大量的问题需要解决，处理各种矛盾为计划实施扫清障碍。

9. 资源分配角色：资源分配是实现目标战略的核心。作为正式的权威，经理必须监督并对组织资源进行分配。

10. 判断者角色：随着经济的发展，权力下放成为很多 CEO

选择的方式，而经理就必须自己对事件进行判断决策。

所以说，执行无他，只是坚强意志而已。

公司简介

北京百朗教育发展有限公司成立于2001年。公司成立之初便确立了以企业管理类培训为主,同时开展企业咨询诊断、管理方案设计、经管励志类图书出版发行及国际教育交流合作的经营思路。

公司总部位于中国教育科研的中心——北京中关村数码大厦,现已发展成为拥有中企培训网(www.china-peixun.com)、百朗国际会议服务中心、百朗创新管理咨询、百朗经管图书共五家子公司的集企业培训公开课、管理咨询、企业内训、网络商学院、会议会展服务、出版发行为一体的综合性教育培训实体。

公司成立10年来,一直坚持以"为企业提供优质课程和专业服务"为宗旨,凭借科学的管理方法和雄厚的师资资源,以"高起点、新知识、求实效"为原则,通过与国内外各高校、教育机构合作,在国内率先开设了一系列精品课程,累计参训企业8000余家,并与国内外众多知名企业集团建立了长期合作关系。

集团下设的百朗图书事业部,一直秉承"做出版界最优秀的图书"的理念,全面整合培训专家、教授等核心资源,将最好最精美的图书奉献给广大读者!公司出版的众多经管励志类图书,深受广大企业和读者的喜爱和欢迎。百朗图书事业部将再接再厉,出版更多高品质、实用性，畅销和常销相结合的精品图书，回馈广大企业和读者，并将图书事业部打造成最具成长力、影响力和可持续发展的出版集团，将图书事业做大做强，推动文化出版事业更好更快地发展！

百朗企业文化

企业愿景：成为在中国及全球最具影响力、最受尊敬的教育咨询、出版机构

企业使命：打造精品图书，开发企业人才，促进经济发展

核心价值观：真实、简单、感恩、诚信

经营理念：服务企业，服务读者，精品出版，创新发展

质量理念：过程精细，结果满意

企业优势：前瞻性的理念＋一流的专业化队伍＋独特的工作模式＋优秀的战略伙伴

推荐阅读

《向乔布斯学创新》

作者：李影　定价：46.00 元　ISBN：978-7-5044-7414-8

他是比尔盖茨眼中的“IT 狂人”，“设计天才”，当代著名管理专家吉姆·科林斯将他誉为“商界贝多芬”，硅谷称他为“电脑业的首席创新总监”，《经济学人》则将乔布斯比作“伟大的皇帝拿破仑”……为什么乔布斯能成为商业偶像？答案就是“创新”。

本书从领导魅力、企业管理、企业文化以及如何设计产品、如何成功营销五个方面，全面剖析了乔布斯的创新之道。乔布斯是“活着就要改变世界的野心家”！“创新”是他改变世界最有力的武器！

《赢利——员工感同身受》

作者：朱胜良　定价：39.80 元　ISBN：978-7-5044-7418-6

赢家通吃，输者一无所有！
商场永远只以成败论英雄！
老板，让员工分享你赢的喜悦！
员工，让老板感受你赢的能量！

“赢”是商场中每个人都想获得的结果。没有什么能够阻挡我们要赢利的坚定步伐！本书从管理者与员工的双重角度思考了企业在后金融危机时代如何跨过难关，从而最终取得企业与员工双赢的方法。让每一位追求事业成功的人都可以从中挖掘到“赢”的宝藏！

《海底捞一学就会》

作者：冯雪　定价：39.80 元　ISBN：978-7-5044-7421-6

《海底捞一学就会》让你找到自己的经营蓝海，摸索出适合自己的经营之路。

本书透过真实的案例解析，为你呈现海底捞非比寻常的管理经验和经营哲学。

海底捞成功的公式：坚定的决策力 + 完善的商业模式 + 强大的执行力 + “本土”员工团队 + 靠双手改变命运的企业文化 +“变态”服务。

通过本书的学习，让海底捞的成功模式在您的企业落地生根，海底捞一学就会！

《激发内心的爆发力》

作者：周海燕　定价：29.80 元　ISBN：978-7-5044-7417-9

心灵没有限制，设限的往往是我们自己！
打开你心灵的密码，挖掘你内心深处的宝藏

心有多高，事业就有多大！一个人内心的能量一旦被激发出来，它力量的巨大是我们个体所无法预知的。本书讲述了如何从各个不同方面激发自己内心的爆发力，并动用起生命中最优良的素质，从而实现自己的人生价值。

《金牌主管》

作者:朱胜良　定价:39.00 元　ISBN:978-7-5044-7419-3

这是一把教你如何在竞争日益激烈的职场中生存下来,迅速成长为金牌主管,打开成功之门的便捷钥匙。

从公司业务骨干被提拔为部门主管,这突然而来的角色变化该如何把握?如何对手下进行人情和制度的双重管理以赢得尊重?如何在主管一职上尽情施展自己的才华,带领团队取得骄人的成绩?本书从工作态度、角色认知、生存方略等八大方面为你解剖金牌主管的铸造旅程,让你迅速提升业绩,成长为金牌主管!

《倾听自己内心的声音》

作者:周海燕　定价:29.80 元　ISBN:978-7-5044-7415-5

放下心中的重荷,重获心灵的快乐;
走出自我束缚的沼泽,重建美好而成功的人生!幸福,成功,快乐,从倾听自己的内心开始!

我不会因为他人的反对就停止脚下的步伐,不会因为他人的无理而影响我快乐的心境,不会因为众人的高声呼喊就让自己内心的声音悄然落寞……因为我知道自己是谁,我生活在自己的生活里,我倾听着自己内心的呼唤……

告别自己的过去,坦然面对真实的自我,做一个对自己内心真诚的人,我们才能活得快乐,才能释放自我,才能打造属于我们自己的幸福而成功的世界花园!

《优秀员工的主人翁意识》

作者:樊唐荣　定价:29.80 元　ISBN:978-7-5044-7416-2

打造优秀员工的行动指南，培养员工责任感和敬业度的最佳读本，让员工和企业共同成长的良师益友。

一流的企业离不开优秀的员工，具有主人翁意识的优秀员工，造就了企业永恒的辉煌！本书从各方面讲述了如何成为一名具有主人翁意识的优秀员工，忠诚、敬业、勤奋、主动、热情、自信、感恩——主人翁意识成就一流企业，铸就个人的美好人生！

《中国公司的气质》

作者:马春华　定价:46.00 元　ISBN:978-7-5044-7413-1

气质，决定了一个企业最基本的属性。修炼公司伟大气质，打造企业优秀团队！

公司气质是一家企业的内在基因和外化要素的组合，是创办者领导风格的呈现过程，是公司战略观点的体现过程。公司气质是公司内渴望的一种精神化的理念，是一种目标导向型的态度，是领导风格的体现，是公司文化的体现，是员工焕发出来的激情。